제1권

천지오륜장

그리고 우주

정태민 지음

서문

❶ 역술 분야에 처음 입문하시는 분들에게는 천지오륜장이 난해하고 어려울 수 있습니다. 차후를 대비해서 미리 조금씩 접근하실 분들은 인연이 되어도 무난하지만 성급히 공부하실 분들은 절대 금물임을 미리 당부드립니다. 천지오륜장은 운세감명을 전문적으로 해 오시는 역술인 또는 오랫동안 역술을 다뤄오신 분들을 위한 내용일 수 있습니다. 오랜 경험을 조건으로 역술에 대한 열정과 애착이 있어야 완주를 하실 수 있으며, 역술 분야에 처음 입문하시거나 매사에 부정적이고 신경질적인 분들은 오히려 부작용이 발생할 수 있으니 인연에 대한 신중한 판단 부탁드립니다.

❷ 역술은 아직까지도 미신이다와 과학이다의 논지가 끊이질 않습니다. 만약, 과학이라 하더라도 검증할 수 있는 장비의 수준이 미흡하기에 아직은 의심 쪽에 기우는 것이 현실일 듯합니다. 이러한 상황에서 제가 수십 년에 걸쳐 연구해온 천지오륜장은 저 혼자만의 만족이지 세상 많은 분들의 공감을 얻어 내지 못한 상황이며 그러하기에 세상 많은 분들에게 검증을 받고자 출간하게 되었습니다.

아직 많은 분들의 공감을 얻어 내지 못한 상황이므로 이 글에서 주장하는 내용들을 너무 맹신하지 마시고 그러면서 미신과 과학의 논지를 초월할 수 있는 분들에 한해서 인연 부탁드립니다. 글 중간중간에는 최선을 다하려는 마음에 최고처럼 주장할 수 있으니 많은 분들이 맹신하실 수도 있습니다. 그래서 서문에 절대 맹신하지 마시라는 절대조건을 첨부합니다.

미신과 과학의 논지를 초월한다는 의미는 그럴싸한 내용에도 쉽게 맹신하지 않으며 그러하다고 무조건 불신하지도 않는 합리적인 사고판단을 말합니다. 반면, 역술영역에 오랫동안 관심을 가지고 있으며 새로운 역술 천지오륜장이 무엇인가 궁금해하시는 분들은 인연 가능할 수 있습니다.

❸ 천지오륜장의 특주는 1주기가 720년입니다. 그런데, 아무리 오랜 세월이 흘렀어도 사람들의 사주로는 입증에 대한 분석이 제한되며 주식장 지수 차트처럼 명료한 결과와 동반되어야 어느 정도의 입증이 가능한데 명료한 주식장이 시작된 지 아직 100년도 안 되었으므로 어찌 보면 천지오륜장에 대한 분석은 아직 미완성이라 할 수도 있습니다. 그러나, 일정 기간의 데이터로 확대 유추하면 어느 정도의 예측은 가능할 수 있다고 판단하며 앞으로 많은 분들이 엄청난 천지오륜장 비결들을 알아내실 것으로 판단하고 있습니다. 또한, 이러한 현실 때문에 처음 입문하신 분들은 이해가 어려울 수 있고 오랫동안 역술에 인연을 맺어 오신 분들만이 어느 정도 완주하실 것으로 판단하고 있습니다.

❹ 천지오륜장은 천기누설에 가까운 천지 비결서가 될 수도 있습니다. 그러면 일반인들은 접해서는 아니되며 자칫 산전수전 공수전의 인생고를 수련한 특급 전문가만 인연되어야 하는 상황에 처할 수도 있습니다. 즉, 쉽게 설명드리면 아는 것이 힘인 분들도 계실 것이나 모르는게 약인 경우도 발생될 수

있다는 논지입니다.

즉, 산전수전 공수전 인생 풍상고를 겪고 긍정의 마인드를 유지하신 분들에게는 인연이 되어도 부작용이 적을 수 있으나 세상의 다양한 구석구석 풍상고를 겪지 않은 분들은 오히려 희망이 꺾일 수 있고 편협된 관점으로 바라볼 수도 있습니다. 사실, 천지오륜장을 세상에 공개하는 이유중 첫 번째가 바로 위기가 예상될 때 극복할 수 있는 대안을 찾고 많은 이들이 서로 공유하며 상생으로 극복 가능하게 하는 것이 목적이나 배려심이 부족하고 이기주의가 난무하는 극단적 판단 기준의 세상 제어하기 어려운 분들도 적지 않기에 사전미리 공지드리는 바입니다.

❺ 천지오륜장에 대한 최초의 주장자이나 그러하다고 역술에 대한 실력이 출중하지는 않기에 정립되기보다는 다소 입증에 대한 관점이 많으며 이 과정 중 교육성을 접목하였습니다.

❻ 천지오륜장은 2권으로 출간합니다. 제1권은 천지오륜장 그리고 우주이며 제2권은 천지오륜장 그리고 경제와 사회입니다. 제1권은 천지오륜장의 기초 이론과 사람의 길흉화복을 다루었고 제2권은 연도별 다우 지수와 코스피 지수 분석 및 국제적 사건·사고, 천재지변 등을 일부 분석하였습니다. 향후 좀 더 전문적이고 체계적인 출간을 목표로 하고 있으나 현실적으로 혼자서의 연구는 한계가 있어 이 정도의 정립을 우선으로 출간하려 합니다.

위에서 제1권은 기초 이론과 사람에 대한 분석이며 누가 언제 어떠한 위험이 예상된다고 하였을 때 어떤 이는 아는 것이 힘이고 또 어떤 이는 모르는 것이 약일 수 있습니다. 이러한 현실에 그 어려움이 미리 대처가 가능하다면 좋겠지만 실제 어려울 수도 있기에 심도 높은 철학이 요구될 수 있습니다. 천지오륜장이 향후 세상에 널리 전파된다면 앞으로 위기에 대한 대처 방안들이 많이 탄생되지는 않을까 판단됩니다.

경제와 사회 편은 오성중 재성을 위주로 다룬 것이며 주로 다우 지수와 코스피 지수를 대상으로 해석하고 있습니다. 세상의 지수들을 천지오륜장으로 예견이 가능할 수가 있는가에 대해 많은 분들이 의심할 수 있으며 저 혼자만의 착각일 수도 있으나 조금이라도 도움이 되는 것은 없을까의 겸손한 관점 보유자분들에게는 긍정이 될 수 있을 것이며 바르게 천지오륜장을 해석할 수 있을 것입니다. 또한, 분석단계에 있어서 상부 큰 주기부터 하부 작은 주기까지 즉, 특-년-월-일-시 모두 해석해야 되나 그러면 평생 공부해도 끝도 없을 것이기에 현실성을 감안하여 큰 주기 위주로 해석하고 필요한 부분만 작은 주기까지 설명하고 있습니다.

또한, 신과 우주 그리고 생각이란 제목으로 천지오륜장과 세상의 내면을 논하려 하였으나 일단은 생략하였으며 앞으로도 쉽지 않을 수 있어 글 중간중간 조심스레 조금씩 내재시켰습니다. 신과 우주 그리고 생각 편의 주 요지는 과연 신이 계시는 것일까?부터 입니다. 물론, 저는 계신다고 생각하며 그러한 경험도 적지 않았고 살아오면서 경험한 분들을 많이 접했습니다. 단지, 신도 많은 분들이 계시며 존재성 자체가 인간들의 판단 기준으로 해석하기 어려운 영역이라는 점에 있습니다. 그리고, 신이 계신다면 외계인도 존재하는 것일까 고려해 봐야 하며 외계인은 인간의 미래성과 연결성은 없는 것인가도 추정해 봐야 할 듯합니다.

▌목차

01

천지오륜장 그리고 우주

1장. 천지오륜장 기초 구성론

1. 음양 오행과 지장간

음양 오행 기본도									
오행	목 (木)		화 (火)		토 (土)		금 (金)		수 (水)	
음양	양	음	양	음	양	음	양	음	양	음
천간	갑甲	을乙	병丙	정丁	무戊		기己		경庚	신辛	임壬	계癸
지지	인寅	묘卯	오午	사巳	진辰	술戌	축丑	미未	신申	유酉	자子	해亥
지장간	무병갑	갑을	병기정	무경병	을계무	신정무	계신기	정을기	기무임경	경신	임계	무갑임

지장간(地藏干)이란 한자를 풀어 보면 지지 속에 천간을 숨겨놓다 이며 12 지지를 천간으로 구성한 것을 의미합니다. 예로, 인(寅)의 경우 무-병-갑의 천간들로 구성됩니다.

지장간이 과학적으로 어떻게 성립된 것인지는 명확히 알아내지 못하였습니다. 개인적인 상상으로는 10간의 진행에 따른 반작용 현상이 지장간으로 추정되며 10간의 진행은 지구 자기장이 북쪽으로 나오면서 남쪽으로 들어가고 다시 북쪽으로 나오면서 남쪽으로 들어가는 2회가 1사이클이며 8 자를 형성하는 뫼비우스의 띠가 아닐까 생각해봅니다.

처음 나올 때 목(갑-을)... 들어가기전 화(병-정)... 들어간 후 행성 속 무토-기토 그리고 다시 나올 때 금(경-신)... 들어가기 전 수(임-계)... 이번엔 지구 행성 속으로 들어간 후 소멸성으로 무기토로 반응하지 않고 바로 갑을 목으로 연결됩니다.

특징으로 무기토는 뫼비우스 띠처럼 한번 방향을 틀고 상승체 화기를 흡수하여 금기를 배출하는 역할을 합니다. 반면, 임계수는 하락의 운기이며 갑을목 뿌리를 향하기에 무기토가 필요 없을 듯합니다. 그리고, 이 과정 중 수금지화목토천해명의 태양계 영향력도 내재된 듯합니다.

그리고, 이 십간의 운동이 지구란 행성과의 반작용으로 삼각형을 이루는 파장의 유형에 따라 12지지가 형성되지 않았나 생각됩니다. 특히, 삼각형 내각의 합은 180도이지만 3꼭지점의 각도는 12지지마다 다르며 왕지인 묘-유-자-오에서 묘유자는 2꼭지점에 가까워 보이며 오는 다른 왕지와 다른 점이 기토와 인연되었으며 기토가 파장의 회전 각도를 바꿔 주는 기로점이지 않을까 생각됩니다.

모두 검증되지 않은 개인적 생각일 뿐입니다. 싱거운 소리를 하는 이유는 세상의 수많은 분들이 오랫동안 역술을 공부해 오시면서 10간과 12지지 및 지장간의 과학적 성립 배경에 대해서 논하는 분을 들어 보지 못하였기에 다같이 고심해 보자는 취지에서 논하였습니다.

2. 천간과 지지의 구성 배치

천간과 지지의 구성 배치			
	천간 지지	예 시	보통 60갑자를 역술로 표현할 때 천간은 위에 지지는 아래에 놓습니다. 그런데, 좌측 도표를 보시면 수평으로 배치되어 있으며 앞이 천간자리 뒤가 지지자리입니다.
특주	□ □	정 유	
년주	□ □	경 술	
월주	□ □	기 묘	
일주	□ □	갑 인	
시주	□ □	무 진	
그러면서, 큰 주기는 상부에 놓고 작은 주기는 하부에 배치하여 최종 3차원 도표임을 알 수 있고 한 번에 모든 것을 살펴보기 위한 약속도라 할 수 있습니다. 또한, 12지지는 해당되는 지장간으로 다시 풀어 해석합니다.			

특주는 조상과 인연입니다.

년주는 사회운, 국운과 인연입니다.

월주는 가족, 친척, 동료운과 인연입니다.

일주는 자신 또는 배우자와 인연입니다.

시주는 자식운과 인연입니다.

남자, 여자 모두 일간을 자신으로 보며 일지는 배우자로 봅니다.

특주는 전생과 인연입니다.

년주는 초년과 인연입니다. (10대 전후)

월주는 장년과 인연입니다. (30대 전후)

일주는 중년과 인연입니다. (55세 전후)

시주는 말년과 인연입니다. (75세 전후)

그러나, 시기에 대한 정확한 길흉화복은 대운과 세운 특주와의 비교분석이 요구됩니다.

특주는 신체의 머리 최상부와 인연입니다.
년주는 신체의 머리와 가슴 사이와 인연입니다.
월주는 신체의 가슴과 복부 사이와 인연입니다.
일주는 신체의 복부와 성기 사이와 인연입니다.
시주는 신체의 다리와 인연입니다.
그런데, 신체의 아픈 부위는 반드시 신체의 위치와 일치하지는 않습니다.

질병, 사고에 대한 논지는 제2편 제1장 의료 영역의 특수운기와 기타 등등 편에서 조금 더 자세하게 다루고 있습니다.

대략적 요지로 갑을목은 간, 담, 쓸개 등과 인연이며 병정화는 심장관련 인연이며 무기토는 위장, 근육, 비장 등과 인연이며 경신금은 폐, 피부, 대장 등과 인연이며 임계수는 신장, 방광, 혈액 등과 인연입니다.

3. 천간-지지 물상론

천간지지 물상론	
갑	기둥, 중심, 공직
을	주변 가지, 덩굴, 사익
병	넓고 따뜻한 열, 태양, 난방보일러
정	한 곳 집중 광, 달, 인 등, 레이저
무	자원 매장 묵중 대지, 수평
기	축적, 탑, 기상, 건축물, 개발된 논, 밭, 수직
경	묵중한 금, 군, 검, 경
신(辛)	세세한 금, 귀금속, 동전, 수술칼
임	바다, 큰 물
계	이슬, 안개, 유증기, 제약, 음료
자	바다
축	습한토, 동전, 간장, 발효, 화장실, 바이러스-세균
인	학교, 법원, 한방향 성장
묘	대중, 군중, 다각도 성장
진	습한토, 유전 지역, 물, 에너지창고
사	가스, 석유, 화학
오	보일러, 열정
미	건조토, 시멘트, 골재, 조미료, 식당
신(申)	탱크, 선박, 군, 검, 경
유	귀금속, 동전, 수술칼
술	건조토, 광물 지역, 곡물, 광물 창고
해	호수, 제약, 음료

위 도표는 음양 오행의 물상론으로 실생활에 어떻게 적용될 수 있을까에 대한 관점이 중요할 수 있습니다. 많이 알수록 고수라 할 수 있으나 세상이 공감하기에는 오랜 세월이 걸리는 아쉬움이 인연될 수 있습니다.

위 내용들은 일부에 지나지 않으며 실제는 매우 다양할 수 있습니다. 너무 다양해서 정확히 구분하기는 어려우나 오랫동안 연구하다 보면 말로 표현하기 어려운 무엇인가의 특성은 반드시 존재함을 느낄 듯합니다.

그 무엇인가를 많이 알고 있으면 주식영역에서 향후 관심주를 찾아내는데 협조될 수 있으며 앞으로 진행될 세상의 흐름이나 국운 심지어 천재지변까지도 추정할 것입니다. 천금을 희롱함을 넘어 세상의 운명까지도 인연될 수 있으나 그러한 제갈공명 같은 역술가분들이 실제 세상에는 아직 많지 않은 듯하며 앞으로는 서서히 많은 분들이 탄생될 것으로 생각됩니다.

물상론 편은 사실 고수의 영역이라 후반부에 수록함이 상식인데 기초적인 내용만을 다루고 있고 미리 관점을 보유하면서 공부하시는 것도 무난할 듯하여 초반부에 수록하였습니다.

갑목은 곧게 뻗은 주기둥이며 을목은 주기둥 옆으로 뻗은 가지로 볼 수 있습니다. 이 원리에 공직은 갑목이라 볼 수 있고 대중, 서민은 을목이라 볼 수 있습니다. 또한, 기업으로 볼 때 대기업은 갑목으로 볼 수 있고 하청 업체는 을목으로 볼 수 있습니다.

을목은 대중, 서민과 관련 있다 보니 국회의원과도 인연이 적지 않습니다. 때로는 경찰의 경이 을경합금을 지향하는 듯 경찰 영역도 인연이 적지 않게 되곤 합니다.

병화는 넓게 열을 방사하는 보일러나 태양과 인연이며 정화는 호롱불, 인 등,

등대 또는 달과 같이 어둠을 밝히고 방향을 인도함과 인연입니다.

사화는 가스, 석유, 화학 등과 인연입니다.
오화는 보일러, 열정 등과 인연입니다.

무토는 자원을 저장하는 수평적 대지와 인연이며 기토는 탑이나 빌딩처럼 쌓아 올리는 수직체와 인연입니다.

술토는 신정무로 신금내재에 광물 대지 등과 인연입니다.

진토는 을계무로 계수내재에 유전 대지 등과 인연입니다.

미토는 정을기로 건조토이며 시멘트 또는 조미료 등과 인연입니다.

축토는 계신기로 습한토이며 간장, 술 등의 발효 음식과도 인연이며 부정시 화장실, 세균, 바이러스 질병과도 인연입니다.

진술축미는 모두 음식하고도 인연될 수 있으며 무궁무진합니다.

경금은 덩어리 금과 인연이며 신금은 작은 금속 또는 귀금속, 수술칼, 동전 등과 인연입니다. 경금이 과실과 인연이라면 신금은 씨앗과 인연입니다.

경금은 군검경과 인연이 많으며 검은 경금 이외에 신금하고도 인연이 많습니다. 신금은 의료수술부터 귀금속, 동전 등과도 인연입니다.

임수는 바다같이 넓은 수이며 계수는 바다 위 표면적의 증발수 같은 유증기, 수증기, 안개, 음료, 제약 등과 인연입니다.

위의 내용들은 일부에 지나지 않으며 기본 원리를 응용하게 되면 무궁무진하게 넓어집니다. 또한, 저 아래에서 논하는 겁재편을 참조 하시면 기본 원리를 좀 더 넓히실 수 있습니다.

4. 12지지의 지장간 운행도와 천지오륜장

	봄국 = 목			여름국 = 화			가을국 = 금			겨울국 = 수		
방합	인	묘	진	사	오	미	신	유	술	해	자	축
지장간	무병갑	갑을	을계무	무경병	병기정	정을기	기무임경	경신	신정무	무갑임	임계	계신기
육합	인해합목. 묘술합화. 자축합토. 유진합금. 사신합수. 오미합(화)											
삼합	해	묘	미	인	오	술	사	유	축	신	자	진

지구가 태양을 중심으로 공전하면서 4방위별 동목-남화-서금-북수 운기를 나타냅니다.

12지지는 계절별로 봄-여름-가을-겨울의 순서로 진행됩니다. 그리고, 방합의 연결로도 볼 수 있습니다.

방합: 봄은 인묘진 목국이며 여름은 사오미 화국이며 가을은 신유술 금국이며 겨울은 해자축 수국입니다.

삼합: 해묘미 목-인오술 화-사유축 금-신자진 수
육합: 인해합목-묘술합화-자축합토-유진합금-사신합수-오미합(화)… 오미합은 실제 미토가 내재되어 순수 화기로 보기는 어렵습니다.

그리고, 12지지를 지장간으로 다시 재표현해 보면
무병갑-갑을-을계무-무경병-병기정-정을**기**-**기**무임경-경신-신정무-무갑임-임계-계신**기**의 순서로 반복됩니다. 그리고, 2번의 기무충이 내재되어 있습니다.

	입동	소설	대설	동지	소한	대한		
상강		11월		12월		1월		입춘
		무갑임		임계		계신기		
한로	무	해	자			축	!	우수
10월	정	술 건乾	감坎 북			간艮	인	2월
	신							무병갑
추분		유 태兌 서	임 계 / 신 경 기무 / 정 병 갑 을			동 진震	갑 을 묘	경칩
9월	신 경							3월
백로								춘분
처서	경	신 곤坤	남 이離			손巽	진	청명
8월	임 무 기	# 미	오			사	을 계 무	4월
입추		기 을 정	정 기 병			병 경 무		곡우
		7월		6월		5월		
		대서 소서	하지 망종			소만 입하		

위 도표를 분석해 보면

인묘진-사오미-신유술-해자축의 12지지 진행 순서와 방위별 방합 및 삼합 자리를 알 수 있습니다. 또한, 12지지는 지장간으로 배치될 수 있고 방위에 맞추어 기입되어 있습니다.

24절기 시작은 입춘이며 12지지와 진행 방향이 같습니다.

표귀문과 이귀문은 지장간으로 기-무 충과 인연되어 있습니다.

천라와 지망은 지장간으로 무-무 토와 인연되어 있으며 술토와 진토는 건조
토와 습한토의 충의 관계입니다.

! 표귀문 表鬼門

표귀문은 축과 인의 사이 입니다. 표는 겉을 뜻하는데 겨울에서 봄을 시작하
는 태동기이며 깨치려는 기운이 있습니다.

이귀문 裏鬼門

이귀문은 미와 신의 사이 입니다. 이는 속을 뜻하는데 여름에서 가을로 접어
들며 성장을 멈추고 열매, 씨앗 내실을 충실하게 하려는 기운입니다.

표귀문은 돌출의 형상이며 이귀문은 함축의 의미입니다. 이표귀문은 내면에
기-무충이 내재되어 물상적으로는 조심해야 하는 운기입니다. 돌출은 화산
폭발, 신경질, 정신 혼란 등을 조심해야 하며 함축은 지진이나 수몰, 침몰, 의
기소침을 조심해야겠습니다.

천라지망 天羅地網

하늘의 그물과 땅의 망을 뜻하며 천라는 술해이고 지망은 진사입니다. 천라
지망은 그물망으로 수평적 형상입니다.

천라지망은 무-무토 내재이며 수평적 운기이나 그물망처럼 복잡하고 자칫
덫이나 늪과 같은 상황도 인연될 수 있습니다. 부정으로 인연되었을 때는 고
달픈 삶에서 벗어나지 못하고 힘들어할 수 있으며 긍정으로 인연되었을 때는
수많은 거미줄 같은 복잡한 정보, 상황들을 종합 분석·수립하는 직종에 인연

될 수 있습니다.

태양계를 위에서 봤을 때 지구는 태양을 중심으로 반시계 방향으로 공전합니다. 반면, 위 운기는 시계 방향으로 운기합니다. 태양계를 아래에서 본다면 위 운기와 방향은 같아지게 됩니다.

2장. 천지오륜장과 우주의 연결고리

1. 우주와 만세력 이해

> 양력 1년 365일(365.242199) 음력 1년 354일(354.36696)
> 음력 한 달 29.530588 29, 30일을 번갈아 사용

양력 1년은 지구가 태양을 공전하는 주기일수입니다. 1태양년이라고도 하며 약 365일 정도 됩니다.

공전은 지구가 태양을 중심으로 한 바퀴 도는 현상이며 자전은 지구가 북극과 남극을 연결하는 기준선을 중심으로 회전하는 현상입니다. 지구자전의 주기는 약 24시간 걸립니다.

공전과 자전 모두 북극성에서 내려다 봤을 때 서쪽에서 동쪽으로 회전하며 반시계 방향이라 표현합니다.

음력은 달이 지구를 공전하는데 주기는 약 30일(1삭망월=1태음월)이며 지

구와 같이 태양을 공전하는데 매년 약 11일 정도 짧습니다. 지구가 태양을 공전하는 1년 365일 동안 달은 지구를 12번 공전하는데 354일 정도 되며 11일 정도 오차가 발생됩니다. 그래서 3년에 30일 추가하는 윤달을 넣으며 최종 19년 동안 7번 윤달을 넣는 방법을 주로 적용하고 있습니다. 삭망월은 항성월과 비교해야 하는데 여기서 논하기에는 방향이 흐려질 수 있기에 생략합니다.

달도 지구를 중심으로 서쪽에서 동쪽으로 공전합니다. 지구에서 달을 쳐다보면 항상 같은 면만 보인다고 하는데 그러면 달도 자전은 하고 있는 것이나 특수한 자전을 하고 있습니다.

만세력은 음력과 양력을 조합하여 표시한 것입니다. 만세력 속 24절기는 1년을 24개로 나누며 2조합을 1달로 표시합니다. 365일 안에 24절기를 넣어야 하기에 절기마다 일수는 조금씩 다를 수 있습니다.

24	봄						여름						가을						겨울					
절기	입춘	우수	경칩	춘분	청명	곡우	입하	소만	망종	하지	소서	대서	입추	처서	백로	추분	한로	상강	입동	소설	대설	동지	소한	대한

위 도표는 24절기이며 음력 같지만 양력과의 조합 개념입니다. 즉, 365일 안에 구분되어 표시되고 있습니다. 입춘 시작은 주로 2월 4일로 표기되며 시간도 표기되어 있습니다. 만세력을 찾아 보시면 1970년 2월 4일 14시 46분이 입춘 시작점으로 표기되어 있으며 1970년 2월 4일 14시 45분에 태어났으면 무인월이 아닌 정축월생입니다.

만세력에 특주는 표기되지 않았으나 주기는 특주-년주-월주-일주-시주로 나뉘며 현재 만세력은 년주-월주-일주와 절기의 시에 대해서 표기되고 있습니다.

시는 시주라 표현하며 전일 23시부터 자시로 표현합니다. 저는 야자시, 조자시에 대한 전문적 구분은 하지 않고 있습니다. 또한, 한국은 30분 정도 당겨서 사용하시는 분들이 많으며 개인적으로도 30분 정도 당겨서 사용하고 있는데 도표를 건드리지 않고 사람 시간을 처음부터 30분 감축하여 적용하고 있습니다.

대한민국은 동경 135도 표준시를 적용하는데 사실상 지리적 위치는 동경 127.5도에 있습니다. 그 오차가 7.5도 인데 360도= 24시간... 15도= 1시간(60분)... 1도= 4분... 0.5도= 2분으로 계산해 보면 7.5도= 7×4분+2분= 30분이 됩니다.

여기서 조심할 점이 다양한 자료 제공처들의 표현에 127.5도를 127도 30분으로 표현하기도 하는데 여기서 말하는 30분은 위에서 말하는 분하고 다른 분입니다. 여기서의 30분은 0.5도를 말하며 얼핏 같은 분으로 인식하여 긴 혼돈의 기간에 빠져들기도 합니다.

결과적으로 위치상 한국은 대략 30분을 당겨야 한다는 뜻일 수 있습니다. 예로 9시 30분에 출생하였다면 실제 9시가 출생시간이라는 뜻입니다. 135도의 위치는 일본을 관통합니다. 지구는 반시계 방향으로 자전하므로 127.5도에서 30분 후 한국이 일본 자리 135도의 자리로 가게 됩니다. 즉,

아직 진행도 안 된 30분의 미래 위치에 있는 시간을 사용하고 있습니다. 그래서, 실제 출생 시간에서 30분을 빼야 합니다.

어찌 보면 한국은 시간을 30분 미리 당겨서 사용하고 있는 미래지향적 상황입니다. 이런 문화에 예언이나 종교, 무속 등 정신철학이 특수하게 발전하게 된 것은 아닌가 추정해 봅니다.

사실, 1908년과 1954년에 127.5도를 적용했었다는데 그 사이와 이후에는 다시 135도를 적용했다고 합니다. 향후 어떻게 변할지 모르니 앞으로 변동상황도 주시할 필요가 있습니다. 또한, 서머 타임에 있어서도 언젠가 적용된다면 수정해야 합니다.

아래 도표는 만세력의 부분 내용입니다.

예: 1970 경술년 1월 정축월 소한 6일 03시02분 대한 20일 20시24분

1	2	3	4	5	6	7	8	9	10	11	12	13	14	15	16	17	18	19	20	21	22	23	24	25	26	27	28	29	30	31
신	임	계	갑	을	병	정	무	기	경	신	임	계	갑	을	병	정	무	기	경	신	임	계	갑	을	병	정	무	기	경	신
사	오	미	신	유	술	해	자	축	인	묘	진	사	오	미	신	유	술	해	자	축	인	묘	진	사	오	미	신	유	술	해

양력 1월8일이 음력 12월1일 ~

예: 1970 경술년 2월 무인월 입춘 4일 14시46분 우수 19일 10시42분

1	2	3	4	5	6	7	8	9	10	11	12	13	14	15	16	17	18	19	20	21	22	23	24	25	26	27	28
임	계	갑	을	병	정	무	기	경	신	임	계	갑	을	병	정	무	기	경	신	임	계	갑	을	병	정	무	기
자	축	인	묘	진	사	오	미	신	유	술	해	자	축	인	묘	진	사	오	미	신	유	술	해	자	축	인	묘

양력 2월6일이 음력 1월1일 ~

위에서 양력 2월 4일 14시 46분 이전에 태어나면 기유년생이며 2월4일 14시 46분부터 경술년생입니다. 띠의 기준은 입춘에 있습니다.

위에서 양력 2월 4일 14시 46분 이전에 태어나면 기유년 정축월생이며 2월4일 14시 46분부터 경술년 무인월생입니다.

그런데, 개인적으로는 너무 복잡하게 생각되며 실제 많은 분들을 분석한 결과 둘중의 하나가 아닌 복합적 현상이 적지 않아 겹치는 방식을 적용하고 있습니다. 즉, 접경구간 주변에서는 양측 모두 적용합니다. 특히, 여기현상을 고려하여 뒤쪽보다는 앞쪽을 주로 중복 적용하고 있습니다.

위에서 양력 1970년 2월 6일이 음력으로 1970년 1월 1일인데 바로 이 기준이 매년 11일 정도 짧아져서 3년마다 30일씩 윤달보정을 합니다. 즉, 사주역학은 음력을 중시하면서 음력의 기준점이 매년 늘고 줄고 한다는 점이 다소 아쉬운 점이 아닐 수 없습니다.

또한, 양력 2월 4일부터 입춘으로 시작되며 24절기의 시작인데 음력 1월 1일과도 오차가 있고 결국 만세력은 양력과 음력의 적절한 보정 형국이라 할 수 있습니다. 즉, 24절기의 내용들은 오래전 선조들이 사용하던 용어나 풍습 인연이기에 음력 같지만 태양력에 대한 기준표라고 할 수 있습니다. 24절기에서 입춘은 매년 양력으로 2월 3일, 4일, 5일 중 하나로 약속되었다고 할 수 있으며 2월은 28일, 29일 등 늘었다 줄었다 수정되고 있습니다.

대한민국에서 한 해가 시작되는 설날은 음력 1월 1일로 지내고 있으며 추석은 음력 8월 15일로 지내고 있습니다. 그런데, 시작인 그 음력의 1월 1일이 태양 중심 공전 궤도의 기준으로 보았을 때 윤달보정에 의해 며칠씩 늘었다 줄었다 하는 내연이 있음을 알고 계시면 좋겠습니다. 그렇다고 양력 1월 1

일이 진정한 새해라 하기에는 너무 여기성이 적용된 듯합니다. 이 논리에 의해 개인적인 소견은 보정을 매년 10일 정도씩 적용하면 좋지 않을까도 생각해 보나 지금의 방식을 오랜 전문가분들이 심사숙고하여 적용한 방식이니 깊은 의미가 있다고 판단하며 이를 따르고 있습니다. 다행히, 개인적 접근법은 기준점에 있어서는 겹치는 방식을 적용하니 오차율은 적을 듯합니다.

요즘은 프로그램들이 발달되어 인터넷 등에서 만세력 프로그램을 다운받으면 특주를 제외하곤 바로 자신의 사주를 알아낼 수 있습니다. 그러다 보니 만세력을 찾아 분석하는 환경이 줄어들어 만세력 보는 방법을 자주 잊어버리곤 합니다. 그래서, 일부러 가끔은 프로그램을 사용하지 않고 직접 찾아보고는 있으나 솔직히 너무 편리한 프로그램 환경에 역술기초도 잊어버리는 것은 아닌가 생각됩니다. 그리고, 이러한 습관은 많은 역술가분들도 마찬가지일 듯합니다.

2. 주기별 지장간 주기 구분

축	진	미	술	30	10	12	24
계	을	정	신	9	3	3.6	7.2
신	계	을	정	3	1	1.2	2.4
기	무	기	무	18	6	7.2	14.4
360= [3.6:90일+18일]+[1.2:30일+6일]+[7.2:210일+6일]							

인	사		해	30	10	12	24
무	무		무	7 [9]	2.3[2.9]	2.8[3.6]	5.6[7.2]
병	경		갑	7 [5]	2.3[1.6]	2.8[2.0]	5.6[4.0]
갑	병		임	16 [16]	5.4[5.4]	6.4[6.4]	12.8
360= [2.8:60일+24일]+[2.8:60일+24일]+[6.4:180일+12일]							

		신	30	10	12	24
		기	7	2.3	2.8	5.6
		무	3	1	1.2	2.4
		임	3	1	1.2	2.4
		경	17	5.7	6.8	13.6
360= [2.8:60일+24일] +[1.2:30일+6일]×2 +[6.8:180일+24일]						

자	묘		유	30	10	12	24
임	갑		경	10	3.5	4	8
계	을		신	20	6.5	8	16
360= [4:120일]+[8:240일]							

		오	30	10	12	24
		병	10	3.3	4	8
		기	9	3.2	3.8	7.6
		정	11	3.4	4.2	8.4
360= [4:120일]+[3.8:90일+24일]+[4.2:120일+6일]						

30일 기준 한 달에 대한 지장간의 주기 구분은 축진미술(9-3-18), 인사해

(7-7-16), 신(7-3-3-17), 자묘유(10-20), 오(10-9-11)로 나뉩니다. 30의 단위는 한 달을 30일로 규정할 때 적용할 수 있으나 실제 양력 한 달은 28일부터 31일까지 다양합니다. 여기-중기-본기에서 여기와 중기는 그대로 적용하고 본기를 줄이거나 늘려서 적용합니다. 10의 단위는 대운에서 적용할 수 있으며 12의 단위는 1년의 12개월이나 1특주의 12년에서 적용할 수 있으며 24의 단위는 시주에서 적용할 수 있습니다.

도표마다 아래쪽은 1년을 360일로 잡았을 때 나뉘는 기준일입니다. 양력으로는 365일인데 도표는 360일 기준이므로 5일 정도 약간 늘려야 됩니다. 그런데, 여기-중기-본기에서 여기-중기는 그대로 적용하고 본기를 늘리는 방식을 적용합니다. 너무 복잡해지니 쉽게 계산하기 위해서입니다.

인사해의 경우 7-7-16과 9-5-16으로 2가지 기준이 있는데 원리직으로는 9-5-16이 현명할 듯하나 개인적 설명은 7-7-16을 기준으로 하고 있습니다. 2가지 차이점에 대한 진위 여부는 좀 더 세월이 흘러야 할 듯하나 많은 전문가분들이 참여하신다면 단기간에도 입증이 될 듯합니다.

특주는 제가 세계사적 최초로 제시하는 매우 큰 주기입니다. 사주하면 보통 4개의 기둥을 의미하며 년주, 월주, 일주, 시주를 뜻합니다. 이에 특주를 제시하니 이제는 사주가 아닌 오주가 맞는 표현일 듯합니다. 물론, 세상 수많은 분들이 아직은 한동안 신뢰하지 않으실 것입니다. 그러나, 일방적 불신보다는 또 다른 추가적 관점 보유로 접근하심이 현명한 판단 기준이지 않을까 생각됩니다. 역술은 과학적으로 입증하기 어려워 미신이라는 대우를 받고 있는 상황이며 개인마다의 신뢰도에 따라 인연되고 있는 현실입니다. 그래도,

꽤 오랫동안 이어지고 있기에 적지 않은 비율이 매년 운세감정을 받고 있으며 결혼할 때, 이사할 때, 이름 지을 때 등등 국내에서의 신뢰도는 매년 일정 비율 유지하는 것으로 판단됩니다. 그래도, 아직 객관적으로는 미신의 영역에 속해 있는데 앞으로는 역술 자체가 미신이 아닌 과학이라는 검증까지도 가능해지지 않을까도 생각해 봅니다.

그 과학적 검증은 사람들의 길흉화복으로는 쉽지 않습니다. 반면, 금융, 주식 관련 나라별 지수들의 흐름은 그림으로 명료하게 나타나니 과학이라는 관점 접목이 가능할 수도 있지 않을까 판단됩니다. 사람들의 관점은 똑같은 상황이라 하더라도 그 사람마다 처한 환경에 받아들이는 해석이 달라질 수 있는데 지수의 흐름은 수치나 그림처럼 명료하니 역술에 대한 세상의 다사다난한 관점들은 하나로 응축될 가능성이 크다고 볼 수 있습니다. 이 책의 후반부에 기본적 분석을 수록하였으며 세부적 분석은 제2권에서 논하고 있습니다.

년주가 12개 모여 하나의 특주가 됩니다. 시작점은 시주의 방식을 응용하여 프랙털 논리로 확대 적용하였습니다. 시작점은 년주의 인월 입춘일을 확대 적용하는 방식도 생각될 수 있으나 잘 맞지 않으며 시주를 확대 적용하니 틀 전반적으로 맞는 듯합니다.

시주는 전일 자시부터 시작하는데 특주는 축년부터 적용하며 자시에 대한 영역은 여기성을 적용합니다. 축년 양력 1월 1일을 시작점으로 하되 접경구간에서는 1년 정도의 여기성 및 한 달 정도의 밀림을 겹쳐서 사용하고 있습니다.

3. [A] 특주의 지장간 주기 구분: 도표식

기축 기계		기신		기기 (1865~1876)							
을축	병인	정묘	무진	기사	경오	신미	임신	계유	갑술	을해	병자
경인 경무		경병		경갑 (1877~1888)							
정축	무인	기묘	경진	신사	임오	계미	갑신	을유	병술	정해	무자
신묘 신갑				신을 (1889~1900)							
기축	경인	신묘	임진	계사	갑오	을미	병신	정유	무술	기해	경자
임진 임을		임계		임무 (1901~1912)							
신축	임인	계묘	갑진	을사	병오	정미	무신	기유	경술	신해	임자
계사 계무		계경		계병 (1913~1924)							
계축	갑인	을묘	병진	정사	무오	기미	경신	신유	임술	계해	갑자
갑오 갑병			갑기	갑정 (1925~1936)							
을축	병인	정묘	무진	기사	경오	신미	임신	계유	갑술	을해	병자
을미 을정		을을		을기 (1937~1948)							
정축	무인	기묘	경진	신사	임오	계미	갑신	을유	병술	정해	무자
병신 병기		병무	병임	병경 (1949~1960)							
기축	경인	신묘	임진	계사	갑오	을미	병신	정유	무술	기해	경자
정유 정경				정신 (1961~1972)							
신축	임인	계묘	갑진	을사	병오	정미	무신	기유	경술	신해	임자
무술 무신		무정		무무 (1973~1984)							
계축	갑인	을묘	병진	정사	무오	기미	경신	신유	임술	계해	갑자
기해 기무		기갑		기임 (1985~1996)							
을축	병인	정묘	무진	기사	경오	신미	임신	계유	갑술	을해	병자
경자 경임				경계 (1997~2008)							
정축	무인	기묘	경진	신사	임오	계미	갑신	을유	병술	정해	무자
신축 신계		신신		신기 (2009~2020)							
기축	경인	신묘	임진	계사	갑오	을미	병신	정유	무술	기해	경자
임인 임무		임병		임갑 (2021~2032)							
신축	임인	계묘	갑진	을사	병오	정미	무신	기유	경술	신해	임자
계묘 계갑				계을 (2033~2044)							
계축	갑인	을묘	병진	정사	무오	기미	경신	신유	임술	계해	갑자
갑진 갑을		갑계		갑무 (2045~2056)							
을축	병인	정묘	무진	기사	경오	신미	임신	계유	갑술	을해	병자
을사 을무		을경		을병 (2057~2068)							
정축	무인	기묘	경진	신사	임오	계미	갑신	을유	병술	정해	무자
병오 병병			병기	병정 (2069~2080)							
기축	경인	신묘	임진	계사	갑오	을미	병신	정유	무술	기해	경자
정미 정정		정을		정기 (2081~2092)							
신축	임인	계묘	갑진	을사	병오	정미	무신	기유	경술	신해	임자

[A] 특주의 지장간 주기 구분: 도표식을 기준으로 몇 가지 예를 들어 보겠습니다.

1972년은 임자년이며 정유특주 정신구간입니다. 위 도표에서 찾아보시면 1961~1972로 표시되어 있으며 신축년(1961년)부터 시작해서 임자년 1972년으로 끝납니다. 1973~1984로 시작하는 곳은 무술특주 무신구간 계축년으로 시작합니다.

1972년 임자년 4월생 이라면 무술특주 무신구간의 여기성 1년 안에 해당되므로 무술특주 무신구간도 동시 적용합니다. 대략 1년을 여기성으로 겹쳐서 적용하는 방식입니다.

목화토금수 오행에 따라 여기의 힘이 다른 듯하며 어떤 성질은 좀 더 짧고 어떤 성질은 좀 더 길 수도 있으며 대략적으로 1년까지는 여기시켜서 중복 적용함이 적절할 듯합니다. 또한, 대략 여기를 1년까지 적용할 수 있으나 접경구간에서 멀어질수록 여기 성질은 적어지고 가까울수록 여기 성질이 강할 수 있습니다. 1973년 이전에서 1973년에 가까울수록 무술특주 무신구간의 성질이 깊어지고 멀어질수록 무신구간의 성질은 약해질 수 있습니다.

반면, 1973년 1월의 경우 무술특주 무신구간에 속하지만 여기성의 반대인 밀림을 한 달 정도 적용하여 정유특주 정신구간도 동시 적용합니다.

1986년은 병인년으로 기해특주 기무구간입니다.

1989년은 기사년으로 기해특주 기갑구간입니다. 그런데, 기사년 후반부는 기임특주구간의 1년 여기성에 해당될 수 있으니 동시 적용합니다.

2015년은 을미년으로 신축특주 신기구간입니다.

2021년은 신축년이며 임인특주 임무구간입니다.

2023년은 계묘년이며 임인특주 임무-임병 구간의 접경구간에 있으며 월에 따라 달라지지만 특주 1년의 여기성에 임병구간을 좀 더 적용할 수 있습니다.

여기는 뒤에서 밀고 있는 성질이라 뒤로 전도성은 적을 수 있습니다. 추정으로 여기성은 공전, 자전의 방향에 반작용으로 ㅣ 타나는 현상인 듯합니다.

4. 지장간 나누는 계산법(1특주=12년)

진술축미 [3.6-1.2-7.2]

3.6년에서 0.6년은 몇 개월인가?
1년은 12개월이며 0.6년은 몇 개월인가?
1:12= 0.6:x   x= 7.2개월
0.2개월은 며칠인가? 1개월은 30일이며 0.2개월은 며칠인가?

1:30= 0.2:x   x= 6일 3.6년= 3년 7개월 6일

1.2년에서 0.2년은 몇 개월인가?

1년은 12개월이며 0.2년은 몇 개월인가?

1:12= 0.2:x   x= 2.4개월

0.4개월은 며칠인가? 1개월은 30일이며 0.4개월은 며칠인가?

1:30= 0.4:x   x= 12일 1.2년= 1년 2개월 12일

7.2년= 개념상 7년 2개월 12일이나 중기 이후부터 다음 특주 여기 전까지로 적용합니다.

인사해 [2.8-2.8-6.4]

2.8년에서 0.8년은 몇 개월인가? 1년은 12개월이며 0.8년은 몇 개월인가?

1:12= 0.8:x   x= 9.6개월

0.6개월은 며칠인가? 1개월은 30일이며 0.6개월은 며칠인가?

1:30= 0.6:x   x= 18일   2.8년= 2년 9개월 18일

6.4년에서 0.4년은 몇 개월인가? 1년은 12개월이며 0.4년은 몇 개월인가?

1:12= 0.4:x   x= 4.8개월

0.8개월은 며칠인가? 1개월은 30일이며 0.8개월은 며칠인가?

1:30= 0.8:x   x= 24일

6.4년= 개념상 6년 4개월 24일이나 중기 이후부터 다음 특주 여기 전까지로 적용합니다.

신(申) [2.8-1.2-1.2-6.8]

6.8년은? 개념상 6년 9개월 18일이나 중기 이후부터 다음 특주 여기 전까지로 적용합니다.

오 [4-3.8-4.2]

3.8년은? 3년 9개월 18일

4.2년에서 0.2년? 1년은 12개월 0.2년은 몇 개월인가?
1:12= 0.2:x   x= 2.4개월
0.4개월은? 1개월은 30일 0.4개월은 며칠인가?
1:30= 0.4:x   x= 12일
4.2년= 개념상 4년 2개월 12일이나 중기 이후부터 다음 특주 여기 전까지로 적용합니다.

0.1년= 1년 6개월	0.2년= 2개월 12일	0.3년= 3개월 18일
0.4년= 4개월 24일	0.5년= 6개월	0.6년= 7개월 6일
0.7년= 8개월 12일	0.8년= 9개월 18일	0.9년= 10개월 24일
1.0년= 12개월		

위 도표는 1특주 12년을 지장간으로 나누는 계산법입니다. 이 원리를 대략적으로 이해하시면 오히려 더 좋은 창의력으로 더 정확히 연구하시는 분들이 나올 수 있습니다.

또한, 계산법에 있어서 1개월은 30일 기준이며 이에 1년이 360일 기준으로 설정된 듯하니 매년 5일씩 늘려야 하나 생각함에 있어서 과연 그럴 것인가도 다시 한번 생각해 봐야 합니다.

진술축미의 경우 여기-중기-본기의 주기 3.6-1.2-7.2에서 처음 3.6년의 3년을 한 달 30일로 적용한 것이 아닌 실제 365일의 3년을 적용하고 남은 0.6년에 대해서 30일로 적용한 것이라면 굳이 3년 동안 매년 5일씩 15일을 추가로 늘려야 하나 생각해 봐야 합니다. 더구나, 0.6년도 7개월 빼고 나머지 일수에 대해 30일 기준 적용이니 실제 오차율은 크지 않으며 접경구간에서 겹치는 방식을 적용하니 세밀한 정밀 영역 이외에는 크게 문제가 되지 않을 듯합니다.

5. 특주 지장간 적용 관점(두 번째 도표 적용)

인년 입춘시작 / 축진미술

축	인	묘	진	사	오	미	신	유	술	해	자

축년 시작

축	인	묘	진	사	오	미	신	유	술	해	자

인년 입춘시작 / 인사해

축	인	묘	진	사	오	미	신	유	술	해	자

축년시작

축	인	묘	진	사	오	미	신	유	술	해	자

인년 입춘시작 / 신

축	인	묘	진	사	오	미	신	유	술	해	자

축년시작

축	인	묘	진	사	오	미	신	유	술	해	자

인년 입춘 시작 / 자묘유

축	인	묘	진	사	오	미	신	유	술	해	자

축년시작

축	인	묘	진	사	오	미	신	유	술	해	자

인년 입춘 시작 / 오

축	인	묘	진	사	오	미	신	유	술	해	자

축년시작

축	인	묘	진	사	오	미	신	유	술	해	자

위의 내용에서 첫 번째 도표 방식은 인월 입춘 기준을 확대 적용한 개념이며 두 번째 도표 방식은 시주를 프랙털 논리로 확대 유추하면서 축년을 시작점으로 적용한 개념입니다. 그리고, 여기성은 대략 1년 정도 밀림은 1달 정도 적용합니다. 그러면서 접경구간에서 멀어지면 적용 농도를 낮추며 가까워지

면 높이는 방식입니다.

6. [A] 특주의 지장간 주기 구분: 계산식

			~7월 말		11월 초~	축진미술					
축	인	묘	**진**	**사**	오	미	신	유	술	해	자

여기: 축년 ~ 진년 7월 말
중기: 진년 8월 초 ~ 사년 10월 말
본기: 사년 11월 초 ~ 자년 말까지

		~10월 말				9월 초~	인사해				
축	인	**묘**	진	사	**오**	미	신	유	술	해	자

여기: 축년 ~ 묘년 10월 말
중기: 묘년 11월 초 ~ 오년 8월 말
본기: 오년 9월 초 ~ 자년 말까지

		~10월 말				4월초~	신				
축	인	**묘**	진	사	**오**	미	신	유	술	해	자

여기: 축년 ~ 묘년 10월 말
중기1: 묘년 11월 초 ~ 진년 말
중기2: 사년 초 ~ 오년 3월 말
본기: 오년 4월 초 ~ 자년 말까지

			~연말	연초~	자묘유						
축	인	묘	**진**	**사**	오	미	신	유	술	해	자

여기: 축년 ~ 진년말
본기: 사년 초 ~ 자년 말까지

			~연말	연초~		~10월 말	11월 초~	오			
축	인	묘	진	사	오	미	신	유	술	해	자

여기: 축년 ~ 진년 말
중기: 사년 초 ~ 신년 10월 말
본기: 신년 11월 초 ~ 자년 말까지

위 도표에서 접경구간에서의 여기성은 1년 정도이며 밀림은 한 달 정도 적용합니다. 그리고, 접경구간에서 멀어질수록 적용률은 낮아집니다.

위 도표들로 몇 가지 사례를 찾아 봅니다.

2021년 6월생의 특주는 임인특주 임무구간입니다.

2022년 6월생의 특주는 임인특주 임무구간입니다. 임병구간은 2023년 11월초부터이며 1년 여기이면 2022년 11월 초 이후여야 임병구간도 적용되는데 6월생이니 임무구간만 적용합니다.

2022년 11월생의 특주는 임인특주 임무구간이며 임병구간은 2023년 11월초부터이며 1년 여기이면 2022년 11월생도 해당되므로 임병구간도 적용하되 임병구간에서 멀리 있으므로 적은 비율만 적용합니다.

2023년 6월생의 특주는 임인특주 임무구간이며 임병구간은 2023년 11월초부터이며 1년 여기 안에 해당되며 임병구간에서 멀지 않으므로 임병구간의 비율도 제법 적용합니다.

2023년 11월생의 특주는 임인특주 임병구간이며 2023년 10월 말까지 임무구간이며 한 달의 밀림에 해당되므로 임무구간도 동시 적용합니다.

2025년 6월생의 특주는 임인특주 임병구간이며 임갑구간은 2026년 9월 초부터이며 1년의 여기는 2025년 9월 초부터인데 6월생이니 임갑구간은 아직 해당되지 않습니다.

2025년 10월생의 특주는 임인특주 임병구간이며 임갑구간은 2026년 9월초부터이며 1년의 여기는 2025년 9월 초부터인데 10월생이므로 임갑구간도 해당됩니다. 그러나, 임갑구간에서 멀리 떨어져 있으므로 적용 비율은 낮습니다.

2026년 6월생의 특주는 임인특주 임병구간이며 임갑구간은 2026년 9월 초부터이며 1년의 여기는 2025년 9월 초부터인데 2026년 6월생이므로 임갑구간도 해당되며 임갑구간에 가까우니 적용 비율은 높습니다.

2026년생 9월생의 특주는 임인특주 임갑구간에 해당되며 임병구간은 2026년 8월 말까지인데 한 달의 밀림에 해당되므로 임병구간도 동시 적용합니다.

2027년생은 임인특주 임갑구간에 해당됩니다.
2028년생은 임인특주 임갑구간에 해당됩니다.
2029년생은 임인특주 임갑구간에 해당됩니다.
2030년생은 임인특주 임갑구간에 해당됩니다.

2031년생은 임인특주 임갑구간에 해당됩니다.

2032년생은 임인특주 임갑구간에 해당됩니다. 그리고 대략 임인월부터 임자월까지 계묘특주 계갑구간도 동시 적용합니다.

2033년생은 계묘특주 계갑구간에 해당되며 계축월까지 임인특주 임갑구간도 밀림으로 동시 적용합니다.

7. 년주의 지장간 구분과 만세력

역술에선 새해의 시작일을 입춘일로 정하고 있습니다. 입춘일은 간혹 하루성도 당겨지거나 밀릴 수 있으나 전반직으로 양력 2월 4일 전후로 혼란스럽지 않고 지속성이 명료합니다.

신축특주											
	기축년 기계			기신			기기				
을축	병인	정묘	무진	기사	경오	신미	임신	계유	갑술	을해	병자
신축특주											
	경인년 경무			경병			경갑				
정축	무인	기묘	경진	신사	임오	계미	갑신	을유	병술	정해	무자

위의 도표를 살펴보면 2009년 기축년 병인월 입춘(2월 4일) 일을 기준으로 축토를 지장간으로 구분합니다. 년주이므로 다음 해 경인년 무인월 입춘 전일까지를 년주기로 규정합니다.

아래의 도표들은 12지지별 1년의 지장간 구분입니다.

		3개월18일				7개월6일			**축진미술**			
축	인	묘	진	사	오	미	신	유	술	해	자	

여기			중기 1개월6일			본기		
2월4일기준 ~5월22일까지			5월23일 ~6월27일까지			6월28일 ~다음해 2월3일까지		

	2개월24일		2개월24일			6개월12일		**인사해**			
축	인	묘	진	사	오	미	신	유	술	해	자

여기			중기			본기		
2월4일 기준 ~4월28일까지			4월29일 ~7월21일까지			7월22일 ~다음해 2월3일까지		

	2개월24일					6개월24일		**신**			
축	인	묘	진	사	오	미	신	유	술	해	자

여기			중기1, 2 각 1개월6일씩			본기		
2월4일기준 ~4월28일까지			4월29일~6월3일 6월4일~7월9일			7월10일 ~다음해 2월3일까지		

		4개월				8개월		**자묘유**			
축	인	묘	진	사	오	미	신	유	술	해	자

여중기			본기		
2월4일 기준 ~6월3일까지			6월4일 ~다음해 2월3일까지		

		4개월			3개월24일			4개월6일		**오**	
축	인	묘	진	사	오	미	신	유	술	해	자

여기			중기			본기		
2월4일 기준 ~6월3일까지			6월4일 ~9월25일까지			9월26일 ~다음해 2월3일까지		

위에서 대비점은 입춘일이 2월 4일인 경우도 있으나 3일이거나 5일인 경우도 있습니다. 예로 1984년은 2월 5일 00시 19분이 입춘이며 2021년은

2월 3일 23시 58분이 입춘입니다. 그런데, 사람의 사주를 찾을 때는 만세력 그대로 적용하되 이외의 입춘일 계산은 2월 4일로 고정하고 지장간 적용 위한 위 도표 기준은 밀거나 당기지 않고 접경구역 전후 며칠씩을 모두 분석합니다. 더구나, 월마다 28일, 29일, 30일, 31일 모두 다르기에 매년 일일이 계산한다는 것이 쉽지 않으며 여기적 현상에 양측 모두 적용하는 것이 현실적인 듯합니다.

아래 도표는 년주의 지장간 주기 구분을 정리해 놓은 것입니다.

[A] 년주의 지장간 주기 구분: 계산식		
축진미술	2월4일~5월22일	5월23일~6월27일	6월28일~ 다음 해 2월3일
인사해	2월4일~4월28일	4월29일~7월21일	7월22일~ 다음 헤 2월3일
신	2월4일 ~4월28일	4월29일~6월3일 6월4일~7월9일	7월10일 ~다음 해 2월3일
자묘유	2월4일 ~ 6월3일		6월4일 ~ 다음 해 2월3일
오	2월4일~6월3일	6월4일~9월25일	9월26일~ 다음 해 2월3일

접경구간에서 여기는 20일 정도 밀림은 2일 정도 적용함이 무난할 듯합니다.

예로, 축년의 경우 지장간으로 계-신-기이며 양력으로 축년 5월 20일 태어났으면 계구간인데 신구간의 여기 20일을 재적용해 보면 신구간도 적용되므로 계-신 구간 모두 적용합니다. 신구간의 여기 20일을 적용한다는 것은 신구간은 5월 23일부터 이며 20일 빼면 대략 5월 3일까지 여기되며 태어난 5월 20일이 이 안에 해당되므로 신구간도 추가 적용합니다.

또한, 양력으로 축년 6월 28일생은 기구간이나 밀림을 2일 적용하면 신구간도 적용할 수 있고 신-기 구간 모두 적용합니다.

또 다른 예로 양력 인년 8월 25일생의 경우 무-병-갑의 지장간에서 갑에 해당합니다.

또 다른 예로 양력 자년 5월 25일생의 경우 임-계의 지장간에서 6월 3일 이전이므로 임에 해당되며 6월 4일 계구간의 여기 20일 재적용시 계구간도 적용 됩니다. 만약, 양력 자년 3월생의 경우는 6월 4일 계구간에서 20일 여기시켜도 닿지 않으니 임구간만 적용합니다.

또 다른 예로 양력 오년 5월 20일생의 경우 병-기-정의 병에 해당되며 기의 여기 20일을 적용하니 기에도 해당됩니다. 기의 여기 20일을 계산해보면 기는 6월 4일부터 적용되니 일단 4일 빼고 16일 남았으며 5월은 31일까지 있고 뒤에서 16일을 빼면 5월 16일까지 기의 운기도 적용될 수 있습니다. 5월 20일생이므로 기도 해당됩니다.

위에서 여기 20일과 밀림 2일의 정확한 일수가 중요한 것이 아닙니다. 원리의 습득이 중요한데 접경구간 전후로 양측 모두 적용하는 관점이 중요하며 여기성에 여기의 기간이 밀림보다 상대적으로 매우 길며 접경구간에서 멀어질수록 적용률은 낮아질 수 있습니다.

8. 월주의 구분과 24절기

월주는 만세력을 찾아 볼 때 24절기 기준으로 시작합니다. 지장간을 적용할 시작점은 24절기를 12단위로 할 때 앞의 절기를 기준으로 시작합니다. 예로, 축월은 소한, 인월은 입춘, 묘월은 경칩 등등.

1개의 월주는 앞 절기를 시작하며 다음달 앞 절기 전일까지 적용됩니다.

월주는 여기-중기-본기로 나뉘며 여기와 중기는 기준 일수를 적용하며 본기는 나머지 일수를 적용합니다. 본기는 매달 일수가 28일부터 31일까지 다르므로 늘어날 수도 있고 줄어들 수도 있습니다.

축월		인원		묘월		진월		사월		오월		미월		신월		유월		술월		해월		자월	
소한	대한	입춘	우수	경칩	춘분	청명	곡우	입하	소만	망종	하지	소서	대서	입추	처서	백로	추분	한로	상강	입동	소설	대설	동지

> 입절기: 위에서 매달 시작하는 절기를 입절기라 합니다. 진한 색으로 표기한 곳이며 소한-입춘-경칩-청명-입하-망종-소서-입추-백로-한로-입동-대설이 입절기입니다.

양력 기준 축월의 소한 적용일은 주로 1월 5일, 6일입니다. 축진미술월 지장간 구분이 9(계)-3(신)-18(기)일이며 여기 9일 적용하고 중기 3일 적용하고 본기는 이후의 일수를 적용합니다. 아래 도표의 경우 1970년 1월 6

일부터 소한이며 6일부터 14일까지가 여기 계수구간이며 15일부터 17일까지가 중기 신금구간이며 이후부터 다음달 2월 4일 입춘 전일까지가 본기 기토구간입니다.

예:1970 기유년 1월 정축월 **소한 6일** 03시02분 대한 20일 20시24분																														
1	2	3	4	5	6	7	8	9	10	11	12	13	14	15	16	17	18	19	20	21	22	23	24	25	26	27	28	29	30	31
신	임	계	갑	을	병	정	무	기	경	신	임	계	갑	을	병	정	무	기	경	신	임	계	갑	을	병	정	무	기	경	신
사	오	미	신	유	술	해	자	축	인	묘	진	사	오	미	신	유	술	해	자	축	인	묘	진	사	오	미	신	유	술	해
양력 1월8일이 음력 12월1일 ~																														

예:1970 경술년 2월 무인월 **입춘 4일** 14시46분 우수 19일 10시42분																											
1	2	3	4	5	6	7	8	9	10	11	12	13	14	15	16	17	18	19	20	21	22	23	24	25	26	27	28
임	계	갑	을	병	정	무	기	경	신	임	계	갑	을	병	정	무	기	경	신	임	계	갑	을	병	정	무	기
자	축	인	묘	진	사	오	미	신	유	술	해	자	축	인	묘	진	사	오	미	신	유	술	해	자	축	인	묘
양력 2월6일이 음력 1월1일 ~																											

양력기준 인월의 입춘 적용일은 주로 2월 4일부터 시작하며 다음달 경칩 전일까지 적용합니다. 인사해월은 주기 구분이 7-7-16이며 총 30일인데 7일 여기를 적용하고 7일 중기를 적용하고 이후의 나머지 일수를 본기로 적용합니다.

미월의 소서 적용일은 주로 양력 7월 6일, 7일이며 양력 7월은 총 31일입니다. 이에 축진미술월 주기 구분 9-3-18에서 9일을 여기 적용하고 3일을 중기 적용하고 나머지 일수 19일을 본기로 적용합니다.

정리해 보면 월의 지장간 적용 기준일은 1년 24절기를 12단위로 나누어 시작하며 축진미술월(9-3-18), 인사해월(7-7-16), 신월(7-3-3-17), 자묘유월(10-20), 오월(10-9-11)의 기준으로 지장간을 구분하는데 양력으로 매월 한 달 일수가 다르므로 여기-중기는 기준값을 적용하며 본기는 이후의 일수를 적용하는 방식으로 합니다. 결국, 본기가 다소 늘었다 줄었다 유연 적용됩니다.

몇 가지 예를 들어 봅니다. 1970년 1월 8일생은 정축월생이며 지장간으로 **[정계]**로 표현합니다. 1월 6일부터 14일까지 9일간 축월의 지장간 계-신-기에서 계에 해당되기 때문입니다.

또 다른 예로 1970년 1월 16일생은 정축월생이며 지장간으로 **[정신]**으로 표현합니다. 1월 15일부터 17일까지 3일간 신에 해당되기 때문입니다.

또 다른 예로 1970년 1월 22일생은 정축월생이며 지장간으로 **[정기]**에 해당됩니다. 18일부터 2월 4일 입춘일 전까지가 계-신-기의 기에 해당되기 때문입니다.

1970년 2월 6일생은 무인월생이며 지장간으로 **[무무]**에 해당됩니다. 2월 4일부터 10일까지 7일간 인의 지장간 무-병-갑의 무에 해당되기 때문입니다.

1970년 2월 13일은 무인월생이며 지장간으로 **[무병]**에 해당됩니다. 2월 11일부터 17일까지 7일간 지장간 병에 해당되기 때문입니다.

1970년 2월 25일생은 무인월 **[무갑]**에 해당됩니다. 2월 18일부터 다음 달 입절기 전일까지 본기에 해당되기 때문입니다.

월주에서도 여기-중기-본기 사이 접경구간에서 여기와 밀림이 적용될 수 있습니다.

여기는 1일 정도 적용할 수 있으며 밀림은 2시간 정도가 좋을 듯하며 저는 대략적으로 적용합니다.

9. 일주의 지장간 구분

[A] 일주의 지장간 주기 구분											
자	축	인	묘	진	사	오	미	신	유	술	해
23~01	01~03	03~05	05~07	07~09	09~11	11~13	13~15	15~17	17~19	19~21	21~23
축진미술		~6시12분			8시36분~					~23시 전까지	
인사해	~4시36분					10시12분~				~23시 전까지	
신	~4시36분		~7시		9시24분~					~23시 전까지		
자묘유		~7시						~ 23시 전까지			
오		~7시			~ 14시36분				~ 23시 전까지			

다음은 일주 속 일지의 지장간을 분석해 봅니다. 도표에서 지장간을 찾아야 하는데 먼저, 태어난 시간을 알아야 합니다. 태어난 시간이 9시 40분이면 한국에서는 30분을 빼고 9시 10분으로 합니다. 9시10분은 도표에서 사시에 해당되며 일지를 지장간으로 찾으려면 아래 12지지별 지장간 주기 구분을 찾아봅니다.

태어난 일지가 축일이면 8시 36분 이후부터 기토구간이며 이에 해당됩니다. 만약, 태어난 일지가 인일이면 9시 10분은 병화구간에 해당됩니다. 만약, 자일이면 9시 10분은 계수구간에 해당됩니다. 만약, 오일이면 9시 10분은 기토구간에 해당됩니다.

사주 분석에 있어서 일지의 지장간은 여기에 해당되면 여기 40%와 중기 30%와 본기 30%를 적용합니다. 예로, 갑인일 무-병-갑에서 무토에 해당되면 갑무 40%-갑병 30%-갑갑 30% 적용합니다.

중기에 해당되면 중기 50%와 본기 50%를 적용합니다. 예로, 경오일 병-기-정에서 기토에 해당되면 경기 50%와 경정 50%를 적용합니다.

본기에 해당되면 본기 100% 적용합니다.

신(申)의 경우는 기-무-임-경 4구분이며 기토구간이면 기30%-무20%-임20%-경30%를 적용합니다. 무토구간이면 무30%-임30%-경40%를 적용합니다. 임수구간이면 임50%-경50%를 적용합니다. 경금구간이면 경금을 100% 적용합니다. 사실, 비율이 중요한 것이 아니라 지장간으로 적정 위치의 성질도 적용하면서 여기성을 적절히 적용하고 본기도 빠트리지 않고 반드시 적용함이 중요한 맥점이 될 수 있습니다.

자-묘-유의 경우도 여기에 해당되면 여기-본기 반반 적용하며 본기에 해당되면 본기만 적용합니다.

오랫동안 많은 분들을 살펴보면 지장간은 분명히 적용해야 할 듯합니다. 예로, 갑오일의 경우 갑병구간에 해당되면 병화가 합수될 수 있으며 갑목이 경금을 만나도 역생이 되거나 최소 버팀력이 높아지는데 무조건 본기의 감정만 적용하면 결과와 다른 분석이 나올 수 있습니다. 반면, 본기는 무조건 30% 이상은 적용해도 무난할 듯합니다. 특히, 여기성에 의해 더욱 그러합니다.

1일은 24시간이며 1시간은 60분입니다. 그러면 0.1시간은 계산해 보면 6분이 나옵니다.

축진미술은 24시간 단위 7.2-2.4-14.4로 나뉘며 7시간 12분-2시간 24분-14시간 24분으로 나뉩니다.

인사해는 24시간 단위 5.6-5.6-12.8로 나뉘며 5시간 36분-5시간 36분-12시간 48분으로 나뉩니다.

신은 24시간 단위 5.6-2.4-2.4-13.6... 5시간 36분-2시간 24분-2시간 24분-13시간 36분으로 나뉩니다.

자묘유는 24시간 단위 8-16... 8시간-16시간으로 나뉩니다.

오는 24시간 단위 8 -7.6-8.4... 8시간-7시간 36분-8시간 24분으로 나뉩니다.

일주의 시작은 전일 23시부터 적용함을 기준으로 합니다. 자시의 시작점에 대해 세상은 다양한 관점으로 나뉘고 있으나 글들에서 논하였듯이 그 정확성이 과연 넓은 숲에서의 기준으로 봤을 때 정확할 수 있는 것인지 논하기 어렵기에 보편적 접근으로 인연되며 전문적인 것은 어느 정도 괘도에 도달하였을 때 많은 분들의 협의를 거쳐 다시 논하는 것이 현명할 듯합니다. 자시를 23시~01시로 보며 분기점에 있어서 전후 모두 고려함이 현명할 듯합니다.

한국의 오랜 전래동화를 살펴보면 많은 역술적 철학이 담겨 있음을 알 수 있습니다. 그 전래동화 중 하나로 많은 동물들이 옥황상제님에게 새해 인사를 드리러 갈 때 쥐가 쉽게 목표를 달성하기 위해 성실한 소의 머리에 타고 있다가 목적지에 다다르자 재빠르게 앞으로 튀어 나와 첫 번째로 새해 인사를 드린다는 우화가 있습니다.

24시 또는 0시 기준으로 자시의 반절은 하루의 시작이며 나머지 반절은 하루의 마지막을 장식하고 있습니다. 이 원리는 사실 여기성을 뜻하는 듯합니다.

특주 도표를 보시면 시작년이 축년입니다. 시주를 프랙털로 확대 유추해 볼 때 자년의 7월부터 시작 적용해야 할 듯한데 적용하지 않고 축년으로 시작하며 1년 정도 여기를 적용함으로 대처하고 있습니다. 일주 속 지장간 접경구간의 여기와 밀림은 너무 세밀하여 적용하기 어려우나 굳이 적용하자면 여기는 1시간 밀림은 10분 정도 적용함이 좋을 듯합니다.

10. 시주의 구분

일간	24 ~01	01 ~03	03 ~05	05 ~07	07 ~09	09 ~11	11 ~13	13 ~15	15 ~17	17 ~19	19 ~21	21 ~23	23 ~24
[A] 일간으로 시주 찾기													
갑기	갑자	을축	병인	정묘	무진	기사	경오	신미	임신	계유	갑술	을해	병자
을경	병자	정축	무인	기묘	경진	신사	임오	계미	갑신	을유	병술	정해	무자
병신	무자	기축	경인	신묘	임진	계사	갑오	을미	병신	정유	무술	기해	경자
정임	경자	신축	임인	계묘	갑진	을사	병오	정미	무신	기유	경술	신해	임자
무계	임자	계축	갑인	을묘	병진	정사	무오	기미	경신	신유	임술	계해	갑자

위 도표는 태어난 시주를 찾을 때 사용하는데 일간이 갑목이거나 기토이면 갑자시로 시작해서 병자시로 끝나는 곳에서 찾습니다. 을목일이거나 경금일 이면 병자시로 시작해서 무자시로 끝나는 곳에서 찾습니다.

예로, 갑인일생이 9시 40분에 태어나면 한국에선 30분을 뺀 9시 10분이 출생시이며 갑기일간의 09~11시인 기사시에 해당됩니다.

만약, 을유일생이 14시에 태어났다면 30분을 뺀 13시 30분이 출생시이며 을경일간의 13~15시인 계미시에 해당됩니다.

만약, 무자일생이 23시 10분에 태어났으면 30분을 빼면 22시 40분에 해당되며 무계일간의 21~23시인 계해시에 해당됩니다.

시주의 지장간 주기 구분											
자	축	인	묘	진	사	오	미	신	유	술	해
23~01	01~03	03~05	05~07	07~09	09~11	11~13	13~15	15~17	17~19	19~21	21~23
임 계	계 신 기	무 병 갑	갑 을	을 계 무	무 경 병	병 기 정	정 을 기	기무 임경	경 신	신 정 무	무 갑 임

```
축진미술   2시간  =  120분  =  36분-12분-72분
인사해     2시간  =  120분  =  28분-28분-64분
신         2시간  =  120분  =  28분-12분-12분-68분
자묘유     2시간  =  120분  =  40분-80분
오         2시간  =  120분  =  40-38분-42분
```

시주 속 시지도 지장간으로 구분하되 접경구간 주변에서는 역시 전후의 지장간을 중복 적용합니다. 또한, 특수한 관점으로 지장간으로 여기에 해당되면 여기-중기-본기 모두 적용하며 중기에 해당하면 중기-본기를 적용하며 본기에 해당되면 본기만 적용합니다. 또한, 대략적으로 접경구간에서는 양측 모두 적용합니다.

그러나, 너무 세밀하면 큰 숲을 놓칠 수도 있으므로 어느 정도 궤도에 오르신 분들만 적용하시면 좋겠습니다.

11. 대운 적용

순행: 생년의 천간이 양인 남자와 음인 여자

역행: 생년의 천간이 음인 남자와 양인 여자

대운은 만세력을 펴 놓고 태어난 일주에서 순행일 경우 다음 가까운 입절기까지 계산하며 역행일 경우 거꾸로 이전 가까운 입절기까지 계산합니다.

예:1969 기유년 12월 병자월 대설 **7일**15시51분 동지 22일09시43분

1	2	3	4	5	6	7	8	9	10	11	12	13	14	15	16	17	18	19	20	21	22	23	24	25	26	27	28	29	30	31
경	신	임	계	갑	을	병	정	무	기	경	신	임	계	갑	을	병	정	무	기	경	신	임	계	갑	을	병	정	무	기	경
술	해	자	축	인	묘	진	사	오	미	신	유	술	해	자	축	인	묘	진	사	오	미	신	유	술	해	자	축	인	묘	진

양력 12월9일이 음력 11월1일 ~

예:1970 기유년 1월 정축월 **소한 6일** 03시02분 대한 20일20시24분

1	2	3	4	5	6	7	8	9	10	11	12	13	14	15	16	17	18	19	20	21	22	23	24	25	26	27	28	29	30	31
신	임	계	갑	을	병	정	무	기	경	신	임	계	갑	을	병	정	무	기	경	신	임	계	갑	을	병	정	무	기	경	신
사	오	미	신	유	술	해	자	축	인	묘	진	사	오	미	신	유	술	해	자	축	인	묘	진	사	오	미	신	유	술	해

양력 1월8일이 음력 12월1일 ~

예:1970 경술년 2월 무인월 **입춘 4일** 14시46분 우수 19일10시42분

1	2	3	4	5	6	7	8	9	10	11	12	13	14	15	16	17	18	19	20	21	22	23	24	25	26	27	28
임	계	갑	을	병	정	무	기	경	신	임	계	갑	을	병	정	무	기	경	신	임	계	갑	을	병	정	무	기
자	축	인	묘	진	사	오	미	신	유	술	해	자	축	인	묘	진	사	오	미	신	유	술	해	자	축	인	묘

양력 2월6일이 음력 1월1일 ~

예:1970 경술년 3월 기묘월 경칩 **6일** 08시58분 춘분 21일09시56분

1	2	3	4	5	6	7	8	9	10	11	12	13	14	15	16	17	18	19	20	21	22	23	24	25	26	27	28	29	30	31
신	임	계	갑	을	병	정	무	기	경	신	임	계	갑	을	병	정	무	기	경	신	임	계	갑	을	병	정	무	기	경	신
사	오	미	신	유	술	해	자	축	인	묘	진	사	오	미	신	유	술	해	자	축	인	묘	진	사	오	미	신	유	술	해

양력 3월8일이 음력 2월1일 ~

몇 가지 예를 들어 봅니다.

1970년 2월 6일생 남자의 경우 경술년생이므로 경금은 양금이며 남자이므

로 순행합니다. 다음 입절기인 3월 6일 경칩까지 28번째입니다. 28을 3으로 나무면 몫이 9이며 나머지가 1입니다. 1은 버리고 2는 반올림하는데 1이므로 버리고 몫이 9가 됩니다.

09세부터 기묘-19세부터 경진-29세부터 신사-39세부터 임오-49세부터 계미-59세부터 갑신-69세부터 을유-79세부터 병술 등등으로 진행됩니다.

1970년 2월 16일생 남자의 경우 경술년생이므로 경금은 양금이며 남자이므로 순행합니다. 다음 입절기인 3월 6일 경칩까지 18번째입니다. 18을 3으로 나무면 몫이 6이며 나머지가 0입니다.

06세부터 기묘-16세부터 경진-26세부터 신사-36세부터 임오-46세부터 계미-56세부터 갑신-66세부터 을유-76세부터 병술 등등으로 진행됩니다.

1970년 2월 26일생 남자의 경우 경술년생이므로 경금은 양금이며 남자이므로 순행합니다. 다음 입절기인 3월 6일 경칩까지 8번째입니다. 8을 3으로 나무면 몫이 2이며 나머지가 2입이며 반올림하면 몫이 3이 됩니다.

03세부터 기묘-13세부터 경진-23세부터 신사-33세부터 임오-43세부터 계미-53세부터 갑신-63세부터 을유-73세부터 병술 등등으로 진행됩니다.

1970년 2월 6일생 여자의 경우 경술년생이므로 경금은 양금이며 여자이므로 역행합니다. 이전 입절기인 2월 4일 입춘까지 2번째입니다. 3으로 나눌 수 없으며 1이면 버리니 0값이고 2이면 반올림으로 1값이 됩니다.

01세부터 정축-11세부터 병자-21세부터 을해-31세부터 갑술-41세부터 계유-51세부터 임신-61세부터 신미-71세부터 경오 등등으로 진행됩니다.

1970년 2월 16일생 여자의 경우 경술년생이므로 경금은 양금이며 여자이므로 역행합니다. 이전 입절기인 2월 4일 입춘까지 12번째입니다. 3으로 나누면 몫이 4가 됩니다.

04세부터 정축-14세부터 병자-24세부터 을해-34세부터 갑술-44세부터 계유-54세부터 임신-64세부터 신미-74세부터 경오 등등으로 진행됩니다.

1970년 2월 26일생 여자의 경우 경술년생이므로 경금은 양금이며 여자이므로 역행합니다. 이전 입절기인 2월 4일 입춘까지 22번째입니다. 3으로 나누면 몫이 7이 되며 나머지는 1이므로 버립니다.

07세부터 정축-17세부터 병자-27세부터 을해-37세부터 갑술-47세부터 계유-57세부터 임신-67세부터 신미-77세부터 경오 등등으로 진행됩니다.

1970년 1월 8일생 남자의 경우 기유년생이므로 기토는 음토이며 남자이므로 역행합니다. 이전 입절기인 1월 6일 소한까지 2번째입니다. 3으로 나눌 수 없으며 1이면 버리고 0값이 되며 2이면 반올림하며 몫은 1값이 됩니다.

01세부터 병자-11세부터 을해-21세부터 갑술-31세부터 계유-41세부터 임신-51세부터 신미-61세부터 경오-71세부터 기사 등등으로 진행됩니다.

1970년 1월 18일생 남자의 경우 기유년생이므로 기토는 음토이며 남자이므로 역행합니다. 이전 입절기인 1월 6일 소한까지 12번째입니다. 3으로 나무면 몫은 4가 됩니다.

04세부터 병사-14세부터 을해-24세부터 갑술-34세부터 계유-44시부터 임신-54세부터 신미-64세부터 경오-74세부터 기사 등등으로 진행됩니다.

1970년 1월 28일생 남자의 경우 기유년생이므로 기토는 음토이며 남자이므로 역행합니다. 이전 입절기인 1월 6일 소한까지 22번째입니다. 3으로 나무면 몫은 7이 되며 나머지는 1이 되며 버립니다. 그런데, 기준점 소한의 시작 시간대가 03시입니다. 입절기가 새벽 03시처럼 매우 일찍 시작하는 경우 태어난 시주가 03시 이후이면 나머지 1값이 2 정도 되는 경우가 많습니다. 사람의 머리로 계산하기 너무 어려워 현실적으로는 대부분 컴퓨터 만세력을 이용합니다. 자세한 설명은 아래에 수록하였습니다.

08세부터 병자-18세부터 을해-28세부터 갑술-38세부터 계유-48세부터 임신-58세부터 신미-68세부터 경오-78세부터 기사 등등으로 진행됩니다.

1970년 1월 8일생 여자의 경우 기유년생이므로 기토는 음토이며 여자이므로 순행합니다. 다음 입절기인 2월 4일 입춘까지 27번째입니다. 3으로 나누면 몫은 9입니다.

09세부터 무인-19세부터 기묘-29세부터 경진-39세부터 신사-49세부터 임오-59세부터 계미-69세부터 갑신-79세부터 을유 등등으로 진행됩니다.

1970년 1월 18일생 여자의 경우 기유년생이므로 기토는 음토이며 여자이므로 순행합니다. 다음 입절기인 2월 4일 입춘까지 17번째입니다. 3으로 나누면 몫은 6이며 나머지 1이므로 버립니다.

06세부터 무인-16세부터 기묘-26세부터 경진-36세부터 신사-46세부터 임오-56세부터 계미-66세부터 갑신-76세부터 을유 등등으로 진행됩니다.

심층분석

태어난 일주에서 적용 입절기까지 일수를 3으로 나눈 의미는 24시간×3= 72시간을 3으로 나눈 것이며 2는 반올림하고 1은 버린다는 의미는 72시간을 2로 나누어 36시간 이후면 반올림하며 이전이면 버리는 것과 유사한 원리입니다.

그런데 순행에 있어서 태생일주가 5일이고 다음 입절기가 6일 13시라 하였을 때 태생일 1시 이전이면 36시간이 되어 반올림이 가능하고 1값이 되며 1시 이후면 36시간이 채워지지 못해 버리는 0값이 됩니다.

순행에 있어서 태생일주가 5일이고 다음 입절기가 6일 22시라 하였을 때 36시간-22시간 하면 14시간이 나오며 태생일 오전 10시 이후면 36시간이 안 되어 버려지고 10시 이전이면 36시간이 넘어서게 되어 1값이 됩니다.

순행에 있어서 태생일주가 4일이고 다음 입절기가 6일 05시라 하였을 때 5일 24시간에 6일 5시간을 더하면 29시간이며 36시간에 29시간을 뺀 7시간을 기준으로 7시간이 부족하게 되면 36시간이 안 되어 버려지고 7시간이 넘어가게 되면 36시간이 넘어 반올림되어 1값이 됩니다. 결국, 4일 17시 이후에 태어나면 최종 36시간이 안 되게 되며 4일 17시 이전에 태어나면 최종 36시간이 넘어가게 됩니다.

이와 같은 논리는 역행도 마찬가지입니다.

그런데, 너무 세세하게 따지면 너무 어렵고 복잡해집니다. 대략적인 방향이 중요합니다.

요즘은 대부분 컴퓨터를 사용하므로 사람이 일일이 계산하는 것은 너무 번거롭고 오류를 범할 수도 있습니다. 더구나, 스마트폰에서도 프로그램을 다운받아 대운 분석이 가능하므로 되도록 컴퓨터나 스마트폰의 프로그램을 이용하는 것이 현명합니다. 그러나, 너무 편리한 삶을 지속하다 보면 기초도 잃어버릴 수 있습니다. 이에 대비하여 적절히 자세하게 수록하였습니다. 이에 필요할 때마다 잠깐씩 살펴보시는 것만으로도 바로 원리를 회복할 수 있을 것입니다.

좀 더 현명한 접근법은 대운수의 정밀성이 아닙니다. 대운도 여기가 작동되어 미리 1~2년 당겨서 적용해야 합니다. 바로 이 점이 핵심입니다.

또한, 대운이라는 것은 월주를 10년씩 추가 적용하는 것입니다. 대부분 순행은 태어난 달의 다음 달부터 역행은 이전 달부터 적용되는데 월주와 평생 인연이 되고 있다는 관점 보유가 중요합니다.

12. 최종 사주 작성 사례

을미1937~1948.병신1949~1960.정유1961~1972.무술1973~1984.
기해1985~1996.경자1997~2008.신축2009~2020.임인2021~2032.

나이	대운	오주	지장간		생(양):
05~14	을축	을미	을정		남 1939.02.20.?
15~24	갑자	기묘	기갑		
25~34	계해	병인	병갑		
35~44	임술	무자	무계	임계	
45~54	신유	□□	□□		
55~64	경신				
65~74	기미				
75~84	무오				
85~94	정사				

을미1937~1948.병신1949~1960.정유1961~1972.무술1973~1984.
기해1985~1996.경자1997~2008.신축2009~2020.임인2021~2032.

나이	대운	오주	지장간		생(양):
05~14	정해	병신	병기		남 1950.10.23.?
15~24	무자	경인	경갑		
25~34	기축	병술	병무		
35~44	경인	신묘	신을	갑을	
45~54	신묘	□□	□□		
55~64	임진				
65~74	계사				
75~84	갑오				
85~94	을미				

을미1937~1948.병신1949~1960.정유1961~1972.무술1973~1984.
기해1985~1996.경자1997~2008.신축2009~2020.임인2021~2032.

나이	대운	오주	지장간		생(양) :
08~17	경인	병신	병기		남 1951.01.12.?
18~27	신묘	경인	경갑	신갑	
28~37	임진	기축	기계		
38~47	계사	임자	임계	임계	
48~57	갑오	□□	□□		
58~67	을미	1951년은 2월 5일 입춘부터 신묘년이며 그 전은 경인년			
68~77	병신	에 해당됩니다. 신갑년주는 여기성으로 적용하였습니다.			
78~87	정유				
88~97	무술				

을미1937~1948.병신1949~1960.정유1961~1972.무술1973~1984.
기해1985~1996.경자1997~2008.신축2009~2020.임인2021~2032.

나이	대운	오주	지장간		생(양) :
03~12	을사	병신	병경		남 1957.06.16.?
13~22	갑진	정유	정경	정신	
23~32	계묘	병오	병기		
33~42	임인	기미	기미	정을기	
43~52	신축	□□	□□		
53~62	경자	정유년은 6월4일부터 정경년주에 해당됩니다. 정신년			
63~72	기해	주는 밀림을 적용한 것이며 적용하지 않아도 될 듯하나			
73~82	무술	교육상 적용하였습니다.			
83~92	정유				

을미1937~1948.병신1949~1960.정유1961~1972.무술1973~1984.
기해1985~1996.경자1997~2008.신축2009~2020.임인2021~2032.

나이	대운	오주	지장간		생(양) :
04~13	기미	**병신**	병임	병경	남 1953.08.20.?
14~23	무오	**계사**	계병		
24~33	정사	경신	경임		
34~43	병진	계묘	계을	갑을	
44~53	을묘	□□	□□		
54~63	갑인		1953년은 병신특주 병임구간에 해당되며 1954년 4			
64~73	계축		월부터 병경구간에 해당되나 1년의 여기를 적용하여			
74~83	임자		병경구간도 적용하였습니다.			
84~93	신해				

을미1937~1948.병신1949~1960.정유1961~1972.무술1973~1984.
기해1985~1996.경자1997~2008.신축2009~2020.임인2021~2032.

나이	대운	오주	지장간		생(양) :
05~14	무인	병신	병경		남 1955.03.22.?
15~24	정축	을미	을정		
25~34	병자	기묘	기을		
35~44	을해	임오	**임정**	병기정	
45~54	갑술	□□	□□		
55~64	계유				
65~74	임신				
75~84	신미				
85~94	경오				

을미1937~1948.병신1949~1960.정유1961~1972.무술1973~1984.
기해1985~1996.경자1997~2008.신축2009~2020.임인2021~2032.

나이	대운	오주	지장간		생(양):
01~10	임술	정유	정경		여 1963.10.07.?
11~20	계해	계묘	계을		
21~30	갑자	신유	신신	임신	
31~40	을축	계미	계미	정을기	
41~50	병인	□□	□□		
51~60	정묘	10월 9일부터 임신월주이나 여기를 적용하여 임신월			
61~70	무진	주도 적용하였습니다.			
71~80	기사				
81~90	경오				

을미1937~1948.병신1949~1960.정유1961~1972.무술1973~1984.
기해1985~1996.경자1997~2008.신축2009~2020.임인2021~2032.

나이	대운	오주	지장간		생(양):
08~17	경진	정유	정신	정경	여 1965.03.13.?
18~27	신사	을사	을무		
28~37	임오	기묘	기갑		
38~47	계미	병인	병인	무병갑	
48~57	갑신	□□	□□		
58~67	을유				
68~77	병술				
78~87	정해				
88~97	무자				

을미1937~1948.병신1949~1960.정유1961~1972.무술1973~1984.
기해1985~1996.경자1997~2008.신축2009~2020.임인2021~2032.

나이	대운	오주	지장간		생(양):
07~16	무자	정유	정신		남 1966.01.27.?
17~26	정해	을사	을병	병병	
27~36	병술	기축	기기		
37~46	을유	병술	병술	신정무	
47~56	갑신	□□	□□		
57~66	계미		1월 27일은 아직 2월 입춘을 지나지 않았으므로 을사		
67~76	임오		년이며 다가오는 병오년 병병년주를 여기로 적용하고		
77~86	신사		있습니다.		
87~96	경진				

정밀하게 계산하면 대운수는 태어난 시에 따라 밀리거나 당겨질 수 있습니다. 이러한 정밀성은 프로그램 만세력을 활용해야만 구분할 수 있습니다.

3장. 천지오륜장 합충 변화와 다양한 원리

1. 충극

갑	을	병	정	무	기	경	신	임	계
무	기	경	신	임	계	갑	을	병	정

❶ 갑목은 무토를 극합니다. 을목은 기토를 극합니다. 갑목은 기토를 극하지 않고 합토됩니다. 을목은 무토를 극하나 무토는 양토이기에 음목에 피해를 받지 않습니다. 그러나, 2을목부터는 극 받기 시작하며 3을목부터는 패합니다.

❷ 병화는 경금을 극합니다. 정화는 신금을 극합니다. 병화는 신금을 극하지 않고 합수됩니다. 경금은 정화의 극에 버팀력 내재되나 2정화부터는 불편하며 3정화부터는 패합니다.

❸ 무토는 임수를 극합니다. 기토는 계수를 극합니다. 무토는 계수를 극하지 않고 합화됩니다. 기토는 임수를 극하려 하나 임수는 2기토 이상에서 극 받기 시작합니다.

❹ 경금은 갑목을 극합니다. 신금은 을목을 극합니다. 경금은 을목을 극하지

않고 합금됩니다. 신금은 갑목을 극하려 하나 가지치기 정도의 영향을 미칩
니다. 그러나, 2신금부터는 피해를 줄 수 있습니다.

❺ 임수는 병화를 극합니다. 계수는 정화를 극합니다. 임수는 정화를 극하지
않고 합목됩니다. 계수는 병화를 극하려 하나 2계수부터 극할 수 있습니다.

2. 충극의 수평과 수직에 대한 구조적 원리

	1	2	3	4	5	6	7	8	9	10	11
특주	□□	□□	□□	□□	□□	□□	□□	□□	□□	□□	□□
년주	□□	□□	□□	□□	□경	□□	□□	갑□	경□	경□	경갑
월주	경□	□갑	경갑	갑경	갑□	갑□	경□	경□	□□	갑갑	갑갑
일주	□갑	경□	□□	□□	□□	□경	갑□	□□	갑□	□□	□□
시주	□□	□□	□□	□□	□□	□□	□□	□□	□□	□□	□□

원리

서로 접촉되어야 충극이 가능합니다. 접촉되지 않을 정도로 거리가 있으면
충극의 영향력은 미미합니다. 또한, 천간에서 지지로 향해야 충극되며 상부
에서 하부로 향해야 충극됩니다. 만약, 지지에서 천간으로 향할 때나 하부에
서 상부로 향할 때는 충극이 어렵습니다.

1번 갑목은 경금에 극 받습니다.

2번 갑목은 경금의 극에 버팀력이 충분 합니다. 월지이지만 일간경금보다 상부입니다.

3번 갑목은 경금에 극 받습니다.

4번 갑목은 경금에 극 받지 않습니다.

5번 갑목은 경금에 극 받지 않습니다.

6번 갑목은 경금에 극 받지 않습니다.

7번 갑목은 경금에 극 받습니다.

8번 갑목은 경금에 극 받지 않습니다.

9번 갑목은 경금에 극 받지 않습니다.

10번 2갑목은 경금에 극을 받으나 나눠 받기에 버팀력이 늘어납니다.

11번 3갑목은 경금에 순차 극을 받으나 인해전술격으로 손실은 적고 때로는 경금을 이길 수도 있습니다.

위의 원리는 다른 음양오행 모두에 적용됩니다.

3. 합의 기본적 구분

1	2	3	4	5	6	7	8	9	10	11	12	13	14
갑□ 기□	갑□ □기 □기 갑□	기□ 갑□	기□ □갑 □갑 기□	□기 □갑	□갑 □기	경□ 갑□ 기□	경□ □갑 기□	□경 갑□ □기	을□ 기□ 갑□	을□ □기 갑□	□을 기□ □갑	병 경 갑 기	신 을 기 갑

1번, 2번, 6번은 갑기합토가 되며 중성적 토기이나 무토의 비중이 기토에 비해 높습니다.

3번, 4번, 5번은 기갑합토가 되며 중성적 토기이나 기토의 비중이 무토에 비해 높습니다.

1-2-6번과 3-4-5번은 상위주체가 갑목이냐 기토냐에 따라 갑기합 무토와 기갑합 기토의 성향으로 나뉠 수 있습니다. 그러나, 사주 내에서의 의미이며 대운이나 세운과의 관계는 또 다릅니다. 만약, 사주 내에 갑목이 있고 대운이나 세운에서 기토가 있으면 갑기합 무토의 성향이 가깝고 사주 내 기토가 있는데 대운이나 세운에서 갑목이 오면 기갑합 기토의 성향에 가깝습니다. 그런데, 복잡하게 중복되면 굳이 무토향과 기토향으로 나눌 필요 없이 모든 성향을 나타낼 수 있습니다. 기본적으로 합은 중성적 성향이 강합니다.

7번, 8번은 경금이 갑목을 극하기에 합토는 되지 않습니다. 물론, 경금과 갑목 사이에 수기가 형성되면 합토가 가능하게 됩니다.

9번은 갑목이 경금에 극 받지 않으므로 갑기합토가 됩니다.

10번, 11번은 을목극기토에 기갑합토는 되지 않지 않습니다. 물론, 을목과 기토 사이에 화기가 오면 합토가 가능합니다.

12번은 기토가 을목에 극 받지 않으므로 기갑합토가 됩니다.

13번 병화가 경금을 극하여 갑목과 기토는 합토가 될 수 있는 것으로 봅니다.

14번 신금이 을목을 극하여 기토와 갑목은 합토가 될 수 있는 것으로 봅니다.

위 원리는 모든 음양오행 모두 적용됩니다.

1	2	3	4	5	6	7	8	9	10	11	12	13	14
경□ 을□	경□ □을 □을 경	을□ 경□	을□ □경 □경 을□	□을 □경	□경 □을	병□ 경□ 을□	병□ □경 을□	□병 경□ □을	신□ 을□ 경□	신□ □을 경□	□신 을□ □경	임병경을	정신을경

1번, 2번, 6번은 경을합금이 되며 중성적 금기이나 경금의 비중이 신금에 비해 높습니다.

3번, 4번, 5번은 을경합금이 되며 중성적 금기이나 신금의 비중이 경금에 비해 높습니다.

1	2	3	4	5	6	7	8	9	10	11	12	13	14
병□ 신□	병□ □신 □신 병□	신□ 병□	신□ □병 □병 신□	□신 □병	□병 □신	임□ 병□ 신□	임□ □병 □신	□임 병□ □신	정□ 신□ 병□	정□ □신 병□	□정 신□ □병	무 임 병 신	계 정 신 병

1번, 2번, 6번은 병신합수가 되며 중성적 수기이나 임수의 비중이 계수에 비해 높습니다.

3번, 4번, 5번은 신병합수가 되며 중성적 수기이나 계수의 비중이 임수에 비해 높습니다.

1	2	3	4	5	6	7	8	9	10	11	12	13	14
임□ 정□	임□ □정 □정 임□	정□ 임□	정□ □임 □임 정□	□정 □임	□임 □정	무□ 임□ 정□	무□ □임 정□	□무 임□ □정	계□ 정□ 임□	계□ □정 임□	□계 정□ □임	갑 무 임 정	기 계 정 임

1번, 2번, 6번은 임정합목이 되며 중성적 목기이나 갑목의 비중이 을목에 비해 높습니다.
3번, 4번, 5번은 정임합목이 되며 중성적 목기이나 을목의 비중이 갑목에 비해 높습니다.

1	2	3	4	5	6	7	8	9	10	11	12	13	14
무□ 계□	무□ □계 □계 □계 무□	계□ 무□	계□ □무 □무 □무 계□	□계 □무	□무 □계	갑□ 무□ 계□	갑□ □무 계□	□갑 무□ □계	기□ 계□ 무□	기□ □계 무□	□기 계□ □무	경 갑 무 계	을 기 계 무

1번, 2번, 6번은 무계합화가 되며 중성적 화기이나 병화의 비중이 정화에 비해 높습니다.

3번, 4번, 5번은 계무합화가 되며 중성적 화기이나 정화의 비중이 병화에 비해 높습니다.

4. 합이 될 수 있는 상황 분석

아래의 내용은 합이 될 수 있는 환경적 원리를 함축시켜 놓고 설명하고 있습니다.

		무계	병	신	
임계 병신		경	을		병정 무계
		갑	기		

갑기합토가 형성되려면 경금이 갑목을 극하지 못하여야 하는데 중간에 임수-계수-병신합수가 있으면 역생되어 합토가능하며 무계합화-병화가 경금

을 극해도 합토가 가능합니다. 또한, 을목과 기토 사이에서도 병화–정화–무계합화가 있으면 역생되어 합토 가능하며 신금이 을목을 극해도 합토 가능합니다.

		임	정 [무계]	
무기 [갑기]		병	신	임계 [병신]
		경	을	

경을합금이 형성되려면 병화가 경금을 극하지 못하여야 하는데 중간에 무토–기토–합토가 있으면 역생되어 합금가능하며 임수가 병화를 극해도 합금 가능합니다. 또한, 신금과 을목 사이에서도 임수–계수–병신합수가 있으면 합금 가능합니다. 신금이 정화나 무계합화에 극 받아도 합금은 가능합니다.

	[갑기] 무	계 [병신]	
갑을 [임정]	임	정	무기 [갑기]
	병	신	

병신합수가 형성되려면 임수가 병화를 극하지 못하여야 하는데 중간에 갑목–을목이 내재되던가 임수가 합목되면 병신합수가 가능합니다. 갑기합토, 무토가 임수를 극해도 합수는 가능합니다. 또한, 정화와 신금 사이에 무토–기토–합토가 내재되면 역생되어 합수가 가능하며 정화가 계수–합수에 극 받아도 합수가 가능합니다.

	임청 갑	기 갑기	
경신 경을	무	계	갑을 임청
	임	정	

임정합목이 형성되려면 무토가 임수를 극하지 못하여야 하는데 중간에 경금-신금-합금이 내재되면 역생되어 합목이 가능합니다. 갑목이나 합목이 무토를 극해도 합목은 가능합니다. 또한, 계수와 정화 사이에 갑목-을목-합목이 내재되면 역생되어 합목이 가능하며 계수가 기토나 합토에 극 받아도 합목이 가능합니다.

	경을 경	을 임청	
병정 무계	갑	기	경신 경을
	무	계	

무계합화가 형성되려면 갑목이 무토를 극하지 못하여야 하는데 중간에 병화-정화-무계합화가 내재되면 역생되어 합화가 가능합니다. 경금, 합금이 갑목을 극해도 합화는 가능합니다. 또한, 기토와 계수 사이 경금-신금-합금이 내재되어 역생되면 합화가 가능하며 기토가 을목-합목에 극 받아도 합화는 가능합니다.

5. 합의 다각도 성질

합이 된 개체는 극할 때 극함이 반절 정도 약화됩니다. 예로, 갑목을 경금이 극할 때 100%라 하면 경을합금이 극할 때는 50~80% 정도로 약화될 수 있습니다. 이 원리는 합작용에 충극작용하려는 발생빈도가 줄어들기 때문입니다. 반면, 경을합금은 2금체이므로 영역은 2배로 넓어집니다. 이 원리는 갑기합토, 임정합목, 무계합화, 병신합수 유사합니다.

합이 된 개체의 극에 대해서 접촉면에 따라 충극률이 달라집니다.

1	2	3	4	5	6	7	8	9	10
임 정 도	정 임 토	무 계 금	계 무 금	갑 기 수	기 갑 수	경 을 목	을 경 목	병 신 화	신 병 화

위에서 수기를 합토가 극할 때 5번은 기토와 접촉되며 6번은 갑목과 접촉됩니다. 5번의 토극수가 6번보다 강한 편입니다. 6번 기갑합토는 위에서 아래로 합토화가 되는데 후반이 갑목이니 토기보다 목기의 비율이 조금이라도 내재되어 토극수율은 5번에 비해 약한 편입니다.

위에서 금기가 목기를 극할 때 7번은 을목과 접촉되며 8번은 경금과 접촉됩니다. 7번보다 8번의 금극목이 강합니다. 7번은 접촉요소가 을목이기에 처음부터 경금이 되지 못하여 금극목율이 8번에 비해 약한 편입니다.

위 합토나 합금 이외는 양상이 조금 다르지만 원리는 유사하므로 유사한 관점으로 살펴 볼 필요가 있습니다.

6. 합과 합화

끊임없이 다가오는 천지장과 사주와의 합을 일반 합이라고 하면 천지장과 방위적 나라별 대표 오행과의 합을 합화라고 합니다. 나라별 대표 오행으로 목기지향은 갑목지향과 을목지향과 순수목기지향으로 나뉘며 화기지향은 병화지향과 정화지향과 순수화기지향으로 나뉘며 토기지향은 무토지향과 기토지향과 순수토기지향으로 나뉘며 금기지향은 경금지향과 신금지향과 순수금기지향으로 나뉘며 수기지향은 임수지향과 계수지향과 순수수기지향으로 나뉩니다. 합화의 몇 가지 예로, 갑목지향은 천지장의 기토와 합토화가 됩니다. 을목지향은 천지장의 경금과 합금화가 됩니다. 신금지향은 천지장 병화와 합수화가 됩니다. 무토지향은 천지장 계수와 합화화가 됩니다.

합화는 일반 합 성질에 비해 실효성이 50% 정도로 약하다고 분석하고 있습니다. 예로, 신금지향이 천지장 병화와 합수화가 되면 천지장 속 정화나 무계 합화는 충극이 되는데 일반 합수에 비해 50% 정도의 충극을 받는다고 분석합니다.

또한, 나라별 대표 오행은 천지장 속 합의 요소가 극 받아도 합화가 50% 정도 성립된다고 분석합니다. 예로, 경금지향이 천지장 을목과 합금화가 되려할 때 을목이 신금에 극 받고 있으면 일반적 경을합금은 성립되기 어렵지만

나라별 대표 오행의 합금화는 50% 정도 간헐적으로 성립이 가능하다고 분석하고 있습니다.

7. 다단합의 특수 현상

1	2	3	4	5	6	7	8
갑갑	갑갑	기□	□기	갑□	□갑	기기	기기
기□	□기	갑갑	갑갑	기기	기기	갑□	□갑

모두 합토가 되는데 1~4번은 1기토를 중심으로 2갑목과 순차적으로 합토되며 5~8번은 1갑목을 중심으로 2기토와 순차적으로 합토됩니다.

합의 순서는 상부에서 하부로 천간에서 지지로 순차적으로 합이 이루어집니다. 예로, 1번, 2번의 경우 합의 순서는 천간갑목이 기토와 합토되며 다음은 지지갑목이 기토와 합토됩니다. 3번, 4번의 경우는 기토가 천간갑목과 먼저 합토된 후 순차적으로 지지갑목과 합토됩니다. 5번, 6번, 7번, 8번의 경우도 갑목이 천간기토와 먼저 합토된 후 순차적으로 지지기토와 합토됩니다.

1, 2, 3, 4의 경우는 천간갑목이 합토된 후 대기하고 있던 다음 지지갑목이 합토되면 처음 천간갑목의 합토는 계속 합토를 유지하고 있을까 아니면 다시 갑목으로 회복할까의 궁금중입니다. 추정이며 이 점에 있어서 명확하지는 않으나 50% 이상은 회복하지 않을까 추정합니다.

대비점으로 1번, 2번, 3번, 4번처럼 2갑목의 경우 지지쪽에서 합토되었을 때 천간쪽 갑목이 합토를 약간 극할 수 있는데 유사한 원리로 오행마다 발생될 수 있습니다. 이러한 현상들은 갑목이 갑기합토를 약간 일시적으로 극할 수 있고, 을경합금이 또는 경금이 을목을 잠시 극할 수 있고, 병신합수가 병화를 또는 병화가 신금을 잠시 극할 수 있고, 임수가 정화를 잠시 극할 수 있고, 계수가 무계합화를 잠시 극할 수 있습니다. 물론, 아주 잠시일 것으로 판단됩니다. 그러나, 모두 합의 요소들이기에 극복 가능하며 단지 삶의 체감에 있어서는 잠시 불편함이 있을 듯하여 향후 많은 분들의 섬세한 재분석이 요구되는 영역이라 할 수 있습니다.

1	2	3	4	5	6	7	8	9	10
정정	임임	무무	계계	갑갑	기기	경경	을을	병병	신신
임기	정기	계신	무신	기계	갑계	을갑	경갑	신경	병경

1번 2정화1임수의 합목의 경우 기토가 합목에 극 받지 않고 대기 정화에 목생화생토로 역생됩니다. 2번 1정화 2임수의 합목의 경우 대기 임수에 합목이 수생되고 기토를 끊임없이 극할 수 있습니다.

3번 2무토1계수의 합화에서는 대기 무토가 화생토생되어 신금을 역생시켜 줍니다. 4번 2계수 1무토의 경우는 토기가 없어 합화가 신금을 불편하게 할 수 있으며 남는 계수가 어느 정도 화기를 약화시켜 줍니다.

5번 2갑목 1기토의 경우 순차 합토되며 계수는 토극수됩니다. 6번 2기토 1갑목의 경우 합토와 대기 기토가 계수를 불편하게 합니다. 5번, 6번 모두 토극수되나 6번의 토극수가 좀 더 심할 듯합니다.

7번 2경금1을목의 경우 합금과 대기경금이 갑목을 불편하게 합니다. 8번 2을목 1경금의 경우 을경합금에 갑목은 불편해나 을목들이 경금과 합하려 하니 경금이 갑목을 극하려 함이 줄어들 수 있고 금극목의 형세는 제한적이 됩니다.

9번 2병화1신금의 경우 남는 병화가 경금을 불편하게 하나 합수가 병화를 어느 정도 조율하니 병화극경금은 제한적입니다. 10번 2신금 1병화의 경우 병화가 지속적으로 합수되니 경금을 극하지 못합니다.

8. 겁재와 양음

십간은 갑을-병정-무기-경신-임계로 목-화-토-금-수의 소통세로 진행됩니다. 그런데, 오행은 음양이 다른 겁재격입니다.

나무의 성장 순서는 주기둥이 상부로 먼저 굵게 자라고 다음 주변 가지가 수평으로 자랍니다. 갑목과 을목의 관계입니다. 진행 순서는 갑목 다음 을목입니다. 이 원리는 십간의 진행 순서가 갑목이 먼저 시작되고 뒤에서 을목이 다가옴과 같은 진행 순서라 할 수 있습니다. 그런데, 겁재라고 표현함은 을목이 갑목의 영양분을 받아 뻗어 나가기 때문입니다. 겁재에 있어서 서로 뺏긴다의 의미로 통용되고 있지만 사실 갑목이 을목에 비해 손실이 더 클 듯합니다. 물론, 철학적으로는 절대 어느 쪽이 더 손실이라고 말할 수는 없을 듯합니다. 예로, 가장이 가족을 부양함에 있어서 그 부양을 손실이라고 표현하기는 어렵기 때문입니다.

이 원리는 병-정화와 무-기토와 경-신금과 임-계수까지 유사한 원리로 적용될 수 있습니다.

촛불을 자세히 살펴보면 중심부의 화기는 둥글고 넓은 표면적의 형태이나 테두리는 불꽃처럼 뾰족합니다. 병화와 정화의 원리인데 병화가 중심부에 먼저 발생되어야 이후 정화가 테두리로 형성될 수 있음을 알 수 있습니다. 이념적으로 태양과 달을 병화와 정화로 고집하면 촛불 속 병정화의 원리는 이해가 어려울 수도 있습니다. 병화는 넓은 포용성 화기, 열이며 정화는 레이저 빔 같이 집중력이 강한 화기, 빛입니다.

경금은 금속 덩어리 묶음째로 본다면 신금은 작게 쪼개진 금속으로 볼 수 있습니다.

임수는 넓은 바다와 같은 의미이나 계수는 옹달샘, 음료수, 유증기, 수증기, 안개 등으로 볼 수 있습니다. 겁재 논리로는 임수 표면에서 증발하는 형태의 수기를 계수로 볼 수 있습니다.

무토는 자원을 담은 저장성의 넓은 수평적 토지를 의미하며 기토는 기상을 쌓은 상부 방향의 탑이나 빌딩 등을 의미합니다. 겁재 논리로는 무토 속 시멘트와 철근을 뽑아 무토 위에서 빌딩을 건축한 것이 기토가 됩니다.

기타 응용에 있어서 증발성 계수는 무토와 만나면 합화되는데 무토는 자원을 말하며 석탄, 원유, 메탄가스 등을 저장하고 있어 무계합화되면 화기가 될 수 있습니다.

기토의 경우 탑처럼 축적, 연결의 의미가 내재되는데 충극되면 열차사고, 정전사고와도 인연이 될 수 있습니다. 이와 같은 논지는 물상론과 관련되어 많을 수 있으니 많은 분들이 많은 원리들을 찾아 내신다면 향후 천재지변, 사건·사고 등등의 예방이 가능할지도 모르겠습니다. 천재지변, 사건·사고는 겁재, 충극, 편중, 설기 등 다양한 원리들과 인연이 될 수 있습니다.

겁재는 대부분 양에서 음이 나오며 서로의 물질 이동성에 뺏고 빼앗기는 관계로 겁재로 표현할 수 있는데 실제 실생활에 있어서는 철학적으로 양측 모두 손실이 가능하며 물질적으로는 양이 음보다 손실이 좀 더 큰 듯합니다.

9. 설기와 경제

설기는 겁재와 약간 다른 의미입니다. 겁재는 뺏긴다의 의미인데 설기는 자신이 생해 주는데 자신이 작거나 상대방이 커서 생해 주는 여력이 부족함을 의미합니다. 설기의 실생활에 있어서 가족 부양을 위해 헌신하는 경우가 많으며 상황에 따라 밑 빠진 독에 물 붓는 경제적 어려움도 적지 않습니다. 또한, 주식장의 운기에 있어서 충극과 맞먹을 정도로 약세가 나올 수 있으며 단지 하락의 방식이 충극은 급격히 하락하는데 설기는 꾸준히 하락하는 경향이 있습니다.

	1	2	3	4	5	6	7	8	9	10
특주	신임	임신	신□	임□	□신	□임	신□	임□	임□	임신
년주	□□	□□	임□	신□	□임	□신	□임	□신	신신	신신

1번의 경우는 신금이 천간자리이며 임수가 지지자리이기 때문에 신금은 임수에 설기가 버틸 만합니다.

2번의 경우는 신금이 지지자리이며 임수가 천간자리이기 때문에 신금은 임수에 설기가 됩니다.

3, 5번의 경우는 신금이 임수의 위에 있기 때문에 신금은 임수에 설기가 버틸 만합니다.

4, 6번의 경우는 신금이 임수의 아래에 있기 때문에 신금은 임수에 설기가 됩니다.

7번의 경우는 신금이 천간자리이며 위에 있기 때문에 신금은 임수에 설기가 버틸 만합니다.

8번의 경우는 신금이 지지자리이며 아래에 있기 때문에 신금은 임수에 설기가 매우 심해집니다.

9번의 경우는 2신금이어서 임수의 설기에 버팀력이 내재됩니다.

10번의 경우는 3신금이어서 임수에 설기되지 않고 힘이 남을 수 있습니다.

위 논리는 을목, 정화, 기토, 계수 동일 적용됩니다.

1	2	3	4	5		6	7	8	9	10
갑계	병을	무정	경기	임신		계갑	을병	정무	기경	신임

1번에서 5번까지는 천간자리 양오행을 지지자리 음오행이 생해 주는 구조인데 생해 주는 음오행이 양오행에 설기됩니다. 그런데, 6번에서 10번까지의 경우처럼 생을 받는 양오행이 지지자리이며 생해 주는 음오행이 천간자리이면 설기세가 완화됩니다.

11	12	13	14	15		16	17	18	19	20
갑	병	무	경	임		계	을	정	기	신
계	을	정	기	신		갑	병	무	경	임

11번에서 15번까지는 생을 받는 양오행이 상부 주기이며 생을 해주는 음오행이 하부 주기입니다. 이럴 경우 설기세가 심해집니다. 16번에서 20번처럼 생을 받는 양오행이 하부 주기이며 생을 해 주는 음오행이 상부 주기이면 설기세가 완화됩니다.

21	22	23	24	25		26	27	28	29	30
갑갑	병병	무무	경경	임임		임	갑	병	무	경
임	갑	병	무	경		갑갑	병병	무무	경경	임임

21번에서 25번까지는 2양오행을 1양오행이 하부에서 생해 주고 있습니

다. 이럴 경우 생해 주는 1양오행은 설기세가 심해집니다.

반면, 26번에서 30번까지는 생해 주는 1양오행이 상부 주기에 있습니다.
이럴 경우 설기세는 약간 완화됩니다.

또한, 위 논리들은 음오행의 경우도 유사하게 적용됩니다.

설기의 요소별 상징

경-기	임-신	갑-계	병-을	무-정
졸도, 경기	고통 임산부	정력 부족	발작, 탐진	무심, 이별

위 내용은 상징이며 실제 설기는 가난, 부채, 밑빠진 독에 물 붓기, 신체에 비
해 힘든 일, 능력에 비해 무거운 위치 등과 인연이 많을 수 있습니다. 사주에
설기격이 들면 부족오행이 보완되기 전까지 힘들 수 있고 세운이나 대운에서
들면 그 해당 기간에 힘들 수 있습니다.

오래전부터 경기(驚氣) 났다는 표현이 있는데 그 경기의 오랜 어원은 역술
60갑자 격국일 것입니다. 이런 표현은 임신, 무정 등 60갑자에서 나온 것이
많은 것으로 생각되는데 왜 우리나라의 어휘가 오랜 고전적 역술 어휘와 일
치하는 것이 많은지 많은 분들은 고심해 볼 가치가 있는 듯합니다.

참고로 경기는 기토의 경금에 대한 설기인데 설기를 보완하려면 기토가 보강
되어야 하며 사람의 관계에서는 현금성 자산이 많을수록 버팀력이 높아지며

세상 국운, 지역운 등에 있어서는 자본적 투자가 많을수록 버팀력이 높아집니다. 물론, 의학적 관점의 기토는 기상, 기력과 관련되어 힘이 줄어드는 현상과 인연이며 기토가 설기가 아닌 충극되면 증세가 좀 더 심해질 수 있습니다.

10. 설기와 방위

설기를 시키는 대상체가 나라별 대표 오행이라면 설기는 매우 심해질 수 있습니다.

예로, 자신을 상징하는 사주 일간이 기토일 경우 기토는 세상의 경금에 설기될 수 있는데 살고 있는 국가의 대표 오행이 금기라면 설기는 더욱 심해지며 국가의 대표 오행이 토기라면 설기세를 느끼지 못할 수도 있습니다. 또한, 일간을 기준으로 하지만 꼭 일간만을 고집하지 않고 모든 요소에 적용될 수 있습니다.

일간은 기토이며 월주에 경금이 있으면 기토가 설기의 환경인데 월지이면 주변 동료나 가족의 영역이며 이 영역과 설기세적 환경이 형성될 수도 있습니다. 좀 더 자세히 논하자면 그 영역이 설기되는 것이 아니고 자신이 그 영역에 대해 설기적 형세가 형성될 수 있다는 점이 특징입니다. 반면, 일간이 경금이고 월주에 기토가 있다면 주변 영역에서 자신을 위해 설기가 되는 운기인데 실제 주변에서 자신을 위해 지원하는 경우도 발생될 수 있지만 실제는 주변영역이 자신을 위해 지원해 주기를 바라는 마음이 매우 강할 수 있고 이에 그렇게 되는 경우도 적지 않은 듯합니다.

나라마다 대표 오행을 찾아내는 것이 중요하며 한국은 목기 미국은 금기로 판단합니다. 러시아는 자원 에너지가 많아서인지 무토의 기운이 강한 듯합니다. 일본은 위치상 목기로 생각되는데 일장기는 병화의 성향이라 화기의 기운이 더 강한 듯합니다. 목생화가 된다면 좋을 듯하나 실제 운기의 결과는 좀 더 지켜보아야 할 듯합니다.

태극기는 조물주님의 철학이 담긴 세계 최고의 운기이나 좀 더 수정·보완이 요구되며 아직 완벽하지는 않은 듯합니다. 물론, 부족한 저의 소견입니다. 만약, 역술의 원리를 터득하신 분들이 모여 수정보완 시키신다면 대한민국은 세계 최강, 최고, 최상의 나라가 될 수 있다고 확신합니다.

오래전부터 역술가분들이 대한민국은 목국의 운기라고 말씀하십니다. 그런데, 태극기는 빨강과 파랑이 있고 서로 조화롭지 않음에도 대한민국은 위기를 잘 버티며 성장하고 있습니다. 바로 목기가 수기를 받아 화기를 받쳐 주기 때문에 어느 정도의 역생소통이 가능할 것으로 분석하고 있습니다.

그러나, 태극기 안에 직접적으로 목기의 초록색을 넣는 것이 좀 더 실효적입니다. 그러하다고 초록색을 바로 넣자는 의견이 아니며 다 같이 완벽에 가까운 대한민국 국기를 만들어 보자는 취지에서 소견을 올립니다. 개인적인 소견은 목화토금수 오행을 소통시키는 국기를 적용하였으면 좋겠습니다.

과학적 장비로 검증할 수 없겠지만, 어떠한 이미지가 음양오행상 소통세를 유지시켜 주어 사주적 충극에 역생소통이 가능하게 된다면 매우 강력한 안전망이 될 수 있을 것입니다. 좀 더 세부적인 표현으로는 세상 수많은 분들의 불편함을 일괄적으로 줄여 줄 수 있다는 의미입니다.

만약, 실제 가능하다면 그 국가에 있어서는 강력한 안전망이 형성되는 것이며 이에 따른 발전선도 확립되는 것입니다. 그리고, 앞으로 전 세계가 대한민국 국기를 부적처럼 착용하고 다닐지도 모르겠습니다.

11. 편중세(편중격)와 설기

편중된다는 것은 음양오헹중 같은 오행의 요소가 많은 것을 뜻합니다. 예로, 아래의 도표처럼 요소별 한 오행으로 가득 찬 것을 편중격이라고 합니다.

	목	화	토	금	수
다중 편중격	갑목 + 을목 + 임정합목	병화 + 정화 + 무계합화	무토 +기토 + 갑기합토	경금 + 신금 + 경을합금	임수 + 계수 + 병신합수
단일 편중격	갑목들	병화들	무토들	경금들	임수들

편중격은 크게 두 가지로 나뉘는데 다중 편중격은 갑목, 을목, 임정합목처럼 다양한 목기로 구성된 것을 뜻하며 단일 편중격은 양오행 중 갑갑목처럼 한 가지 오행들로만 구성된 것을 말합니다.

차이점은 단일 편중격일 경우 무거워집니다. 나라별 지수 차트로 표현할 때 단일 편중격이 적당하면 변동성 없이 일괄되며 단일 편중격이 심하면 하락하는 경우가 많습니다.

단일 편중격은 양요소이기에 무거울 수 있고 동일 양요소가 모이면 하부 주기의 요소들과 확률적으로 변동성이 적게 됩니다. 양요소가 몇 겹 쌓이면 무거워져서 지수로 표현할 때 하락하는 경우가 많아집니다.

양요소와 음요소의 개체적 표현				
1갑목 = 3을목	1병화 = 3정화	1무토 = 3기토	1경금 = 3신금	1임수 = 3계수

한 그루의 나무를 살펴보면 중심 기둥의 갑목과 주변 가지의 을목들로 구성되는 경우가 많습니다. 하나의 갑목과 다수의 을목들과 무게는 비슷할 수 있으나 부피는 을목들이 훨씬 많아 보입니다.

병화는 보일러나 태양처럼 따뜻한 포괄적 화기이며 정화는 어두운 밤 방향을 지시하는 달이나 등대나 촛불을 넣은 인 등과 같습니다. 좀 더 세부적으로 촛불의 중심 열기는 병화이며 활활 거리며 움직이는 주변 테두리는 정화입니다. 병화는 1 개체성이나 정화는 다중 개체성입니다.

무토는 자원을 저장하는 넓은 대륙과 같고 기토는 높게 쌓아 올린 탑이나 빌딩과 같습니다. 무토는 저장성 수평적 관계와 인연이며 기토는 쌓고 연결하는 수직 또는 다연결 관계와 인연입니다.

경금은 선박, 탱크처럼 덩어리 금속과 인연이며 신금은 귀금속, 칼처럼 세밀하게 가공한 금속과 인연입니다.

임수는 바다처럼 큰 물이며 계수는 유증기나 수증기와 같습니다. 임수는 무거울 수 있으나 계수는 부피가 클 수 있습니다.

정해진 화목 보일러에 갑목을 넣으면 밤새도록 적절한 화기를 공급해 줍니다. 그런데, 을목을 넣으면 순식간에 화르륵 타올라 3배의 개체성이란 상징성처럼 많은 개체수를 넣어야 갑목과 유사한 효과를 얻을 수 있습니다. 물론, 갑목의 단점은 정화에 있어서는 자칫 정화를 꺼트릴 수도 있습니다.

또 다른 예로 부탄가스는 액화시키면 부피가 크게 줄어듭니다. 액화 상태일 때를 임수라 하고 기화된 상태를 계수라 할 때 서로의 무게는 유시할 수 있으나 부피가 크게 차이가 납니다.

그런데, 이때 양오행을 생해 줌으로써 음오행은 설기가 될 수 있는데 양오행을 대응하기 위해선 음오행은 대략 3배의 개체성이 요구되며 상생관계는 무게보다 부피와 연관성이 큰 듯합니다.

아래는 설기의 예상 비율입니다. 양요소는 음요소의 3배의 개체성을 가지고 있습니다. 그러기 때문에 음요소가 양요소를 생해 주려면 3배의 힘이 요구됩니다. 체중이 감량되는 비율로 해석하면 이해가 쉬울 것입니다. 그런데, 90%의 체중이 감량된 다는 것은 심각한 것을 뜻하며 설기되는 요소를 생해 주는 요소가 주변에 없으면 위태할 수도 있습니다.

그런데, 끊임없이 다가오는 천지오륜장은 다양한 요소들을 끊임없이 공급해 주기에 실제 한순간에 위태해지는 않습니다. 그러나, 끊임없이 생을 받는 요소에 비해 끊임없이 생을 주는 요소는 분명 불리하게 되며 음요소는 양요소에 비해 불리함이 몇 곱절 크다고 할 수 있습니다.

기	기	신	신	계	계	을	을	정	정
03%	15%	03%	15%	03%	15%	03%	15%	03%	15%
경	기 45%	임	신 45%	갑	계 45%	병	을 45%	무	정4 5%
기 45%	기 90%	신 45%	신 90%	계 45%	계 90%	을 45%	을 90%	정 45%	정 90%

무	무	경	경	임	임	갑	갑	병	병
01%	05%	01%	05%	01%	05%	01%	05%	01%	05%
경	무 15%	임	경 15%	갑	임 15%	병	갑 15%	무	병 15%
무 15%	무 30%	경 15%	경 30%	임 15%	임 30%	갑 15%	갑 30%	병 15%	병 30%

위 도표는 양오행을 생해 주는 음오행 또는 양오행을 생해 주는 양오행이 **위치에 따라 설기되는 비율**입니다. 상부에 배치되면 설기가 완화되고 하부로 배치되면 설기가 심해집니다. 천간자리로 배치되면 설기가 완화되고 지지자리로 배치되면 설기가 심해집니다.

* 편중체를 생해 주는 요소는 설기세가 인연됩니다. 설기의 특징은 사람의 관계에 있어서는 고달프고 가난하고 힘든 상황과 인연이 많습니다. 충극은 사건·사고와 인연이 많지만 설기는 물상적 지원 관계의 어려움과 인연인데 나라별 지수의 흐름은 경제의 대명사이며 충극 이외에 설기도 영향력이 적지 않습니다.

편중세가 되면 생해 주는 요소는 설기가 심해집니다. 예로 2경금이 배치되어 편중되려 하는데 1무토는 설기가 되며 1기토는 설기가 매우 심해집니다. 바로 이점이 특이사항인데 양요소가 편중되면 생해 주는 음요소는 설기가 매우 심해지는 특징이 있습니다.

만약, 편중세에 편중세가 생하려는 요소가 배치되면 편중세는 완화될 수 있습니다. 예로, 3갑목이 배치되고 3갑목의 편중세는 매우 무거운 상태인데, 병화가 오면 갑목은 생하려 하며 일을 하게 되어 다이어트 효과에 갑목의 편중세는 완화됩니다.

다른 요소도 동일 적용됩니다.

12. 편중세(편중격)와 천재지변, 사건·사고

특주	기해	기임	기임	기임	기임	임수 편중세입니다.
년주	임신	임기	임무	임임	임경	
월주						

위에서 기해특주 임신년은 임수가 편중되었으나 임경구간은 경금에 의해 소통성이 무난합니다. 그런데, 소통성이 무난해도 기토는 경금에 설기세이며 경금은 2임수에 설기가 심해 균형적이지 못하고 밀리는 운기가 될 수 있습니다. 물론, 임임구간이나 임무구간에 비해서는 무난할 수는 있으나 영역마다

받아들이는 기준이 다를 수 있습니다.

1992년 사건·사고로 서울 신행주대교 붕괴, T사 항공추락, P국 항공추락, C국 항공추락, I국 항공추락이 있었고 분위기가 붕괴나 추락으로 집중되어 있습니다. 또한, 항공은 무계합화나 정임합목과 연관성이 있는데 이런 사례들을 좀 더 많이 조사하다 보면 좀 더 명료한 특수 운기를 알아낼 수 있고 향후 대비를 할 수 있다면 사건·사고의 비율을 조금이라도 줄일 수 있을 것으로 판단합니다.

특이 사항으로 T사 항공은 311편이였는데 3은 갑목이며 1은 임수입니다. 두개의 임수로 수기가 많은 형세인데 천지장에서도 두 개의 임수가 내재되니 3갑목은 홍수에 잠긴 형세이며 경금이 부추기면 떠내려갈 수도 있는 상황입니다. 또 다른 특이 사항은 I국 항공사는 1862편이였는데 8을목이 1임수와 6계수 사이에 배치되며 물에 잠긴 형세입니다. 특히, 2정화가 세상의 1임수와 합목되려 해도 6계수가 꺼트리니 합목 승천은 실패합니다. 8을목이 6계수를 조율하면 되는데 수기가 너무 범벅된 기간이라 흡수를 못 한 형세입니다.

특주	무술	무무	무무	무무	무술	무무	무무	무무	토기 편중 세입니다.
년주	무오	무병	무기	무정	기미	기정	기을	기기	
월주									

토기 편중세가 심합니다. 1978년 무오년과 1979년 기미년은 무술특주와 무기충이 형성되며 무오년과 기미년의 접경구간에서도 무기충이 형성됩니다.

무토가 많아 무겁습니다. 이에 화기들은 설기가 심해집니다. 다우 지수는 횡

보세를 보이면서 무병년주와 무정년주의 화기의 설기구간에서는 약세가 내재되었습니다.

무기충 구간 이란 및 한국 홍성 등에서 지진이 발생하였습니다. 한국은 갑목지향이 내재되며 기토와 합토되려할 때 기토가 무기충되면 갑기합토는 불안정하여 실패할 수 있습니다. 이외에도 국제적으로 여러 곳에서 대규모 지진이 발생되었습니다.

특주	신축	신기	신기	신기	토기 편중세입니다.
년주	무술	무신	무정	무무	
월주					

후반부는 토기 편중세가 심합니다. 2018년 신축특주와 무술년주는 기무충이 형성됩니다.

해당 연도에 국제적으로 지진 발생률이 매우 높았으며 한국도 지진이 여러 차례 발생되었습니다.

안전 지대 한국에 지진이 발생될 정도면 천지장 격국의 기무충이 강력함을 알 수 있습니다. 또한, 한국은 목기지향으로 갑목지향을 내재하며 갑목지향이 천지장 기토와 합토되려 할 때 기무충에 합토가 불안정하여 지진과도 인연된 듯합니다.

특주	경자	경임	경임	경임	경계	금기 편중세입니다.
년주	경진	경을	경계	경무	신무	
월주						

2000년 경진년주는 소통세이긴 하나 2경금이 내재되어 무거운 편중세 입니다. 특히, 년지무토가 2경금에 설기됩니다. 다가오는 신무년주는 경금에서 신금으로 약간 가벼워지나 접경구간에서 계무합화가 임수와 충돌하며 조화롭지 못한 격국입니다.

금기지향 다우 지수와 목기지향 코스피 지수는 무거운 편중세에 모두 상승하지 못하였으며 특히 수기가 소멸하는 수극화 구간에서는 코스피 지수는 상대적으로 약세가 심했습니다.

특주	신축	신신	이 격국의 특징은 신병합수와 계수로 구성된 수
년주	계사	계병	기 범벅 구간입니다. 더구나, 대기 신금들이 수
월주	신유	신신	기들을 부추기니 수기가 지나칩니다.
일주			

2013년 미국 콜로라도 지역에 대형 홍수가 발생하고 수많은 실종자가 발생하였습니다. 합수가 동시에 모두 되는 것은 아니지만 끊임없이 순차 합수가 되기에 수기가 지나친 형세입니다.

특주에 신금이 내재되었습니다. 그래서인지 불리현상이 신금지향에게 발생될 확률이 높아진 듯합니다.

특주	신축	신기	이 격국의 특징은 1계수3 무토로 계무합화가 연
년주	무술	무무	속적으로 발생합니다. 화력이 지나친 것은 아니지
월주	계해	계무	만 꺼지지 않고 번지는 형상으로 지속성이 특징일
일주			수 있습니다.

2018년 해당 시기 미국 캘리포니아 지역에 산불이 인연되었다고 하며 방위상 유금과 술토 사이입니다. 격국은 충극이라 보기 어려운데 실제는 화재로 어려움과 인연되었습니다.

특주에 신금이 내재되었습니다. 그래서인지 불리현상이 신금지향에게 발생될 확률이 높아진 듯합니다.

편중격과 충극운기와 관련되어 국제적 사건·사고는 매우 많습니다. 이 논지 하나로 책 한 권을 출간해도 부족할지도 모를 정도로 많은데, 너무 많다 보니 집중력이 낮아지고 "본래 세상이 그런 것 아닌가요?" 하실 수도 있기에 대략적 방향만 제시하고 있습니다.

만약, 세상의 실세분들이 하나로 모여 편중격, 설기격, 충극격 등으로 세상의 천재지변, 사건·사고를 연구하신다면 앞으로 다가올 위기들에 대해 1%라도 안전망이 구축되는 것은 아닐까 예측해 봅니다.

편중격은 오행이 고르지 않고 편중된 것을 뜻합니다. 편중된 결과는 사주로도 입증될 수 있는 듯하나 동일 사주분들의 삶이 모두 같지 않기에 그러면서 체감에 대한 상대성이 모두 다르기에 입증하기가 쉽지 않습니다. 이에 세상의 사건·사고로도 같이분석하면 조금은 설명될 수 있으나 이 또한, 나라별 대표 오행이 모두 다르고 나라별 대표 오행을 찾아 내기가 어렵기에 입증하기가 쉽지 않습니다. 미국과 한국은 오래전부터 많은 역술인분들이 대표 오행을 논하였기에 그 기준으로 분석되고 있습니다.

위와 같은 사례들은 제2권 경제와 사회 편에서 다우 지수와 코스피 지수의 경제적 관점 이외에 천재지변이나 국제적 사건·사고 등의 관점으로 조금씩 다루고 있습니다.

대비점으로 불길한 기간에 불편한 상황들이 발생이 되기는 하나 나라마다 전반적으로 발생되는 것이 아니고 특정 국가에 강하게 발생되는 현상이 있으며 그 원리를 아직 알아내지 못하였습니다. 앞으로의 분들이 이 원리를 찾아내신다면 세상의 존속률은 매우 길어질 듯합니다.

13. 다가오는 줄기오행

특주	신계		월주 신을구간 을목이 신금들에게 극 받아 불리입
년주	신갑		니다. 그런데 다가오는 월주 임을구간 임수가 다
월주	신을	임을	가올수록 역생되어 점차 힘이 내재될 수 있습니다.
일주			

특주	신계		앞 구간에선 년지을목이 신금들에 극 받으려는데
년주	신을	신을	특지계수에 역생됩니다. 그런데, 월간을목은 년간
월주	을기	병기	신금에 극 받습니다.
일주			

이때 다가오는 병기월주의 병화가 년간신금과 합수되니 앞의 월간을목 마저 점차 역생됩니다. 또한, 앞 구간의 년간신금마저 월지병화의 여기만큼 합수가 인연됩니다. 그러면, 을목들은 힘을 얻으나 월지기토가 목극토됩니다.

특주	기무	기무	경인구간 경금이 인목을 극하고 있는데 신묘구간
년주	병무	병무	병신합수가 형성되며 경인구간 금극목까지 점차
월주	경인	신묘	역생소통됩니다.
일주			

특주	신계	신계	경무년주는 계무합화가 형성되고 다가오는 경병
년주	경무	경병	년주는 신병합수가 형성됩니다. 결과적으로 합화
월주			를 다가오는 합수가 불편하게 하는 운기입니다.
일주			

월주에서 목기가 오면 역생률이 높아지나 목기가 부족하면 불편율이 커집니다. 접경구간 관련 다가오는 오행줄기들은 국제 주식장과 관련되어 주기의 위치보정에 중요한 지침서가 될 수 있습니다.

특주	신계		갑목 생 무계합화에 경금은 좋은 환경이 아니지만
년주	경갑		다가오는 기계구간 기토가 접경구간에서 갑목을
월주	무계	기계	합토시키고 점차 화생토생금으로 소통됩니다.
일주			

중요한 점은 월간기토의 여기성인데 특주처럼 긴 주기는 여기가 1년 정도 되는 듯하고 년주는 한 달 정도 되는 듯하며 월주는 며칠 정도 되는 듯합니다.

특주	신계	신계	뒤에서 형성되는 계무합화는 앞의 특지계수도 여
년주	기기	경무	기되는 만큼 계무합화를 시킬 수 있습니다.
월주			
일주			

이럴 경우 기기토 년주는 어느 정도 합화생의 덕을 앞당겨 받을 수 있습니다.

특주만의 여기성은 1년 정도 되나 특주와 년주의 합 여기성은 대략 6개월 정도 되는 듯합니다.

특주	신기	신기	앞의 년간을목은 특간신금에 신극을 됩니다. 그
년주	을기	병기	런데, 다가오는 신기특주와 병기년주가 신병합
월주			수되면 그 합수는 대략 6개월 정도 여기될 수 있
일주			습니다.

그러면 년간을목은 신극을에서 병기년주가 다가올수록 점차 역생률이 높아집니다. 반면, 년지기토는 수생을목에 점차 충극됩니다.

다가오는 줄기오행은 크게 두 가지의 관점입니다.

첫번째 관점은 접경구간 기준 다가오는 요소가 여기되며 대략 특주는 1년, 년주는 한 달, 월주는 며칠 정도의 여기성이 가능하며 접경구간에서 멀어질수록 강도는 약해집니다.

두 번째 관점은 위 주기와 아래 주기가 합이 되면 그 합도 여기가 가능하며 특주-년주의 합 여기성은 6개월 정도 가능할 듯합니다. 단, 년주의 지장간 기간이 한 달 정도로 짧으면 여기는 6개월보다 많이 짧아질 수 있습니다.

다가오는 줄기오행은 여기성과 인연이며 반대는 밀림입니다. 그런데, 여기성의 기간이 9라면 밀림은 1도 되지 않습니다. 여기성은 지구란 행성이 자전이나 공전을 하면서 진행되는 방향에 대한 반작용이며 그러하기에 밀림은 여기에 비해 적용 기간이 매우 짧다고 할 수 있습니다.

또한, 사람 운세감명의 적용에 있어서 위 관점들은 세상의 역술인분들이 다시 한번 재분석해야 할 중요 관점이 될 수 있습니다. 사주가 금극목으로 매우 불편해 보이는데 다가오는 가까운 주기에 수기가 있다면 그 사람은 긍정일까요, 부정일까요? 제 관점은 수기에 가까울수록 긍정일 듯합니다.

14. 다이어트 효과

편중세가 심하면 총국상 무겁게 됩니다. 그런데, 다가오는 요소에 편중된 요소가 생하려 하는 요소가 내재되면 편중된 요소들은 일을 하려 하며 이에 다이어트 효과가 작용되어 편중세는 다소 완화됩니다. 예로, 무토가 3개 내재되어 무거워질 때 다가오는 요소에 1경금이 내재되면 3무토에서 2무토격으로 편중세가 완화되는 현상입니다. 만약, 2경금이 오면 3무토에서 1무토격으로 편중세가 크게 완화됩니다.

다가오는 줄기오행 방식뿐만 아니라 현재 배치되고 있는 상황에서도 다이어트 효과는 발생됩니다. 예로, 3무토가 내재되면 무거운 편중세인데 2경금도 같이 배치되고 있으면 1무토격으로 편중세는 완화된다고 볼 수 있습니다.

그런데, 3무토 3경금 등 2개의 요소가 균형을 이루어도 2개의 요소로만 자리 잡고 있으며 이 또한 단조로운 격국이 되어 조화롭지 않습니다.

15. 역생격(=소통격)

특주	신축	신계
년주	신묘	신을
월주		
일주		

묘목이 2신금에 극 받고 있는데 지장간으로 특지가 계수이며 이때는 년지을목이 역생됩니다.

특주	신축	신기
년주	병신	병기
월주	경인	경갑
일주		

경금이 갑목을 극하고 있으며 기갑합토는 어려운 상황입니다. 그런데, 상부 신병합수에 의해 갑목은 역생되며 기갑합토까지 이룰 수 있습니다.

특주	신축	신기
년주	병신	병임
월주	갑오	갑정
일주		

신병합수가 정화를 극하여 임정합목은 실패하는데 월간 갑목이 수기를 막아 주니 합목이 가능하게 되고 합수에 합목이 생을 받습니다.

그런데, 일주에서 기토가 오면 월간갑목은 합토되어 합수를 막지 못하게 되고 다시 정화가 합수에 극을 받아 임정합목은 깨져 불리가 됩니다.

특주	신축	신기
년주	갑오	갑병
월주	기사	기경
일주		

신병합수와 갑기합토가 서로 혼잡되며 토극수를 이루고 있습니다. 이에 기사월 기경구간 경금이 상부의 충극을 역생소통시켜 주고 있습니다.

기사월 기경구간 경금이 소멸하면 역생률도 소멸합니다. 또한, 상부에서 꼬인 충극은 중간에서 역생소통이 아닌 하부에서 역생소통이기에 소통률은 제한적입니다.

특주	경자	경계	무자월 무토가 임수를 극하려 하는데 상부 신금과
년주	을유	을신	경을합금이 역생소통시켜 주고 있습니다.
월주	무자	무임	
일주			

역생격은 사실 소통격입니다. 단지, 간지의 상태에서는 알 수 없으나 지장간으로 재분석해 보니 충극의 요소 사이에 역생소통시켜 주는 역생요소가 내재되어 반전의 운기가 인연되어 역생격으로 표현하는 것입니다.

이 원리는 다가오는 오행줄기와도 중복될 수 있으며 지장간이 왜 중요한지를 잘 설명해 주는 원리입니다.

위에서 논하는 예들뿐만 아니라 아래의 예들도 대부분 증시 다우 지수와 코스피 지수와 연관되어 특정한 현상이 나온 결과들을 바탕으로 논하고 있습니다. 증시 지수들의 결과를 사람의 사주와 비교한다는 점이 오차를 내재시킬 수는 있으나 격국상 충극력이나 상생력이 크게 작용한다면 사람의 운세이건 주식의 파장이건 영향력의 방향은 어느 정도 유사할 듯합니다. 그리고, 오랫동안 수많은 분들을 분석한 결과 실제 사람의 운세도 대부분 거의 유사하게 적용되고 있습니다.

16. 역전의 용사격

A	목	화	토	금	수
B	토	금	수	목	화
C	병, 정, 무계합화	무, 기, 갑기합토	경, 신, 을경합금	임, 계, 병신합수	갑, 을, 임정합목

위에서 A가 B를 극하는데 C에서 B를 생해 주면 역전의 용사격에 해당됩니다. 원리적으로 해석해 보면 A는 B를 소멸시키려고 충극하는데 C는 B를 생해 주려고 지원하니 B는 죽지 않고 생존합니다. 다른 표현으로는 비닐하우스 속 채소와 같습니다. 매일 매일 농부가 채소 잎을 수확하고 그러면서 비료와 물을 공급해 주니 다시 자랍니다. 그러면 또 수확하고 다시 비료와 물을 주니 또 자랍니다. 그러면, 또 수확합니다. 반복되는 현상으로 사람들의 삶을 살펴보면 평탄하지는 않으나 고생 끝에 성공하신 분들이 많습니다. 특히 성과, 결실과 인연이 적지 않습니다.

또 다른 특징으로는 아무래도 순수하게 소통되는 삶이 아니기에 만성질병하고도 인연이 적지 않습니다.

위에서 C가 A와 B의 사이에 있다면 소통격입니다. 결실률은 소통격보다 역전의 용사격이 좀 더 크지 않을까 생각됩니다.

17. 정체격

1		2		3		4		5	
목목	목금	화화	화수	토토	토목	금금	금화	수수	수토
금금	목금	수수	화수	목목	토목	화화	금화	토토	수토

정체격이란 극 받는 오행이 상부 주기나 천간자리에 있고 극하는 오행이 하부 주기나 지지자리에 있는 것을 말합니다.

극은 상부에서 하부로 향해야 충극되며 하부에서 상부로는 영향력이 적습니다.

정체격이 되면 운기는 소통되지 못하고 정체되지만 사람의 활동운기에 있어서는 꼭 불리라고 할 수 없습니다. 수기는 정보, 지식과도 인연인데 정체격 중 토 위의 수 경우는 수가 토 위에서 저장되는 운기가 형성되어 수의 지식, 정보력 축적에 대한 장점이 인연되는 경우도 있습니다. 목이 금 위에 있으면 아랫편에서 논하는 소리운기와 인연되어 소리 영역에서의 활동에 협조되는 경우가 적지 않습니다.

오행요소에 따라 내용이나 성향이 달라지지만 축적, 저장의 운기와 인연되어 긍정되는 경우가 적지 않습니다.

그리고, 세운 등에서 역생소통되는 오행이 다가오면 운세가 급격히 좋아지기도합니다.

18. 아차격

특주	신축	신기	을목생 정화생 기토생 신금으로 소통되고 있으나 최종 귀결인 신금이 시작점 을목을 극하게 됩니다.
년주	을미	을정	
월주			
일주			

특주	병신	병경	경금극갑목에 기갑합토는 실패하며 갑목생 병화생 기토생 경금에 소통되는 듯하나 최종 귀결 경금이 시작점 갑목을 극합니다.
년주	기해	기갑	
월주			
일주			

특주	병신	병기	경극갑에 기갑합토는 실패하며 갑목생 2병화생 기무토생 경금으로 소통되는 듯하나 최종 경금이 갑목을 극합니다.
년주	경인	경갑	
월주	병술	병무	
일주			

특주	기임	토임	을목생 정화생 합토생 신금생 등으로 돌고 돌아 소통되는 듯하지만 신금이 시작점 을목을 극합니다. 다행히, 신금은 임수를 향하니 금극목은 제한 됩니다.
년주	갑신	토신	
월주	정을	정을	
일주			

아차격의 특징은 격국상 소통되는 듯하나 시작점을 최종 귀결점이 극하여 최종 소통에 실패한 운기입니다. 사람도 마찬가지이며 국제지수들 또한 불리세가 많습니다.

19. 배신격

특주	신축	신기
년주	무술	무무
월주	임술	임정
일주		

월간임수가 년간무토에 극 받아 임정합목은 실패하게 됩니다. 합목이 실패하면 월지정화는 월간임수에 마저 배신극 받게 됩니다.

물론, 임수는 토극되어 정화를 극함은 제한적입니다.

특주	신축	신계
년주	신묘	신을
월주	갑오	갑기
일주		

갑기합토되려는데 을목이 기토를 극하니 합토 실패하며 갑목마저 기토를 배신극 합니다.

특주	경자	경계
년주	임오	임정
월주		
일주		

정화가 계수극되어 임정합목되지 못하고 임수에까지 배신극 받습니다.

만약, 월주에서 정화가 오면 년간임수와 합목되어 그 합목이 계수극되는 년지정화를 역생시킬 수 있으며 월주에서 목기가 오면 합목은 어렵지만 정화를 지원하니 정화는 역전의 용사격이 됩니다.

특주	경자	경계
년주	계미	계기
월주	임술	임정
일주		

정화가 계수에 극되어 임정합목에 실패하며 임수마저 정화를 배신극합니다.

특주	병신	**병기**	년지을목이 월지기토를 극하니 갑기합토는 어려
년주	신묘	**신을**	우며 갑목마저 기토를 배신극합니다.
월주	갑오	갑기	
일주			

배신격은 사실 이혼격으로 명칭을 정하려다가 대중들에 부정적 인식을 확산 시킬 가능성이 있어서 배신격으로 바꾸었습니다.

자식들도 제법 많고 연애하여 결혼한 부부들의 경우 대부분 사주가 서로 간에 합이 형성되는 경우가 많습니다. 그런데, 잘 살다가도 이혼하거나 별거하는 경우도 많은데 이런 경우 서로 간의 합이 대운이나 세운 등에서 충극에 의해 풀리는 경우가 적지 않습니다.

많은 분들이 배신극 기간을 사전에 대비한다면 그리고 그 기간 서로 배려하며 슬기롭게 극복한다면 세상의 행복률은 좀 더 높아질 듯하며 그분들의 자녀들은 좀 더 성공적인 삶을 살아갈 수 있을 것으로 추정합니다.

가상의 예를 하나 분석해 봅니다.

이혼하려 하거나 별거하려 하는 부부들의 사주를 보니 둘 중에 한 분이 대운에서 충이 와서 서로 간의 합이 풀렸고 그 합이 두 사주를 연결합 시켰던 합이었습니다. 그런데, 이러한 원리를 설명하며 몇 년만 참으면 다시 그 풀린 합은 합을 형성할 것이라고 설명해 주면 그리고 세상 많은 분들이 사전에 천지오륜장을 기초라도 공부한 상태라면 극복률이 높을 것으로 판단됩니다.

그런데, 이혼이나 별거는 합이 풀리는 사주적 원리이지만 실제 부부간에 이상하게 서로 좋아했던 감정들이 줄어들어 가며 오히려 의심이 늘고 심지어 다른 연인에게 관심이 생기는 등 이상야릇한 현상들이 발생한다면 어찌해야 할까요?

먼저, 많은 역술가 분들은 부부간의 사주 사이에 합으로 연결된 것이 있는가 부터 확인하시며 그리고 대운이나 세운에서 그 합이 충극되어 풀린 것은 없는지부터 확인해 보시는 것이 좋을 듯합니다.

20. 인해전술격

갑무	을기	병경	정신	무임	기계	경갑	신을	임병	계정
무무	기기	경경	신신	임임	계계	갑갑	을을	병병	정정

인해전술격은 극하는 오행이 하나인데 극 받는 오행이 3개 이상인 경우를 뜻하며 오히려 극 하는 오행이 불편해지거나 극 받는 오행들이 이길 수 있습니다.

어찌 보면, 이 논리는 비겁의 논리인데 사주 내에 비겁이 존재하면 충극 대상체에 버팀력이 높아지는 원리와 같습니다. 반면, 재물을 나눠 먹을 때는 이윤이 줄어들 수 있습니다.

21. 그물망격

정□	□무	기□	□경	신□	갑□	□을
임□	□계	갑□	을□	□병	갑□	□을
정□	□계	기□	경□	병□	갑□	□을
임□	무□	갑기	을□	신□	갑□	을□
□□	□□	□□	□□	□□	□□	□□

병□	정□	무□	기□	□경	□신	임임	계□
병□	□정	□무	기□	경경	신□	임□	계□
□병	정□	□무	기□	□경	□신	□임	□계
병병	정□	무무	기기	경□	신□	임□	계□
□□	□□	□□	□□	□□	□□	□□	□□

그물망격은 상부에서 하부로 동일오행이 연결되는 것을 말합니다. 쉽게 표현하면 하늘과 땅을 이었다고 표현할 수 있습니다. 그러다 보니 동일오행의 강력한 배치력에 그물 같은 긁어모을 수 있는 특수 현상도 가능한 듯합니다. 사례에서는 시주를 논하지 않았지만 시주까지 연결되면 더욱 강력할 수 있습니다.

> **그물망격**
> 음양이 같은 동일 오행으로 이어질 때 또는 동일 합으로 이어질 때
> **준그물망격**
> 음양이 다른 동일 오행으로 이어지면서 때로는 합까지 복합 구성되어 이어질 때

그물망은 서로 연결되었다고 볼 수 있습니다. 합으로 이어질 때가 음양이 같

은 동일오행으로 연결될 때보다 더 강하게 연결되었다고 볼 수 있으며 만약 그물망을 충극한다면 그물망의 요소가 많기에 인해전술격으로 잘 버틸 수 있지만 충극하는 요소도 크다면 충극될 수 있고 그물망 전체가 충격받을 수 있습니다. 특히, 충극하는 요소가 상부의 큰 주기일 때 그물망은 좀 더 불편해질 수 있습니다. 이때는 조심해야 합니다. 때로는 합의 요소를 충극해 합이 풀린다면 이때는 더 조심해야겠습니다.

준그물망격은 음양이 다르며 합이란 다른 요소체와도 배치되었기에 연결력이 약할 수 있습니다.

한 가지 오행이 하늘과 땅을 이으면 매우 강력한 것이나 사실 소통력이나 설기력까지 고려해 보면 단점도 내재될 수 있습니다. 특히, 한 가지 오행의 과대한 비율은 상대적 설기세도 유발될 수 있기에 잘 살펴봐야 합니다.

동일 오행은 비겁입니다. 비겁이 많을 때는 충극이 와도 나눠서 받기 때문에 버팀력이 높을 수 있으나 재물 관점에서는 재물을 나눠야 하기에 자기 몫은 적을 수 있습니다. 그런데, 그물망격은 재물의 대명사처럼 거대 기업 창시자에서 종종 발견되고 있으며 기업인이 아닌 일반인이어도 얻어내는 운기가 특이하게도 강합니다.

비겁이 많은 것과 그물망격과의 차이점은 연결성에 있습니다. 그물망격은 모두 연결 접촉된 것이며 하나의 동일체로 볼 수도 있습니다.

또 다른 중요 관점은 그물망이 일간을 포함하고 있는지가 중요할 수 있습니다. 아직 이 관점으로 연구는 부족하나 일간을 포함할 때 만족률이 높을 듯하며 일간을 포함하지 않을 때는 그물망과 일간의 관계가 무난해야 긍정될 듯합니다.

연결의 운기는 합으로 연결됨이 가장 강하고 동일음양 동일오행으로의 연결도 어느 정도 연결력이 있다고 판단됩니다. 그래서, 여기까지가 그물망격이고 복합적 연결일 때는 준그물망격이라고 볼 수 있습니다.

그물망 오행이 토기라 할 때 재물은 수기가 됩니다. 세상의 끊임없이 다가오는 천지장 세운은 특주부터 시주까지 그 사이에 수기는 하나라도 존재할 수 있기에 재성은 끊이질 않는다고 표현할 수 있습니다.

반면, 끊임없이 재성이 다가오기에 재운이 좋지만 재성이 보호되지 못하고 충극되기만 하면 사실 좋다고 볼 수는 없습니다. 그물망격에 재성을 보호하는 요소가 같이 내재되어야 결실이 높을 듯합니다.

그런데, 재성적 결과는 꼭 재물이나 돈으로만 표현할 수 없습니다. 자식을 많이 출산하거나 방송 프로그램을 오랫동안 진행하거나 1위 자리를 오랫동안 유지하거나 투표선거에 연속해서 당선되거나 심지어 근육을 엄청나게 키우거나 등등 길고, 많고, 지속되는 운기와 인연율이 높아집니다.

특주	정유	정신
년주	임자	임임
월주	임인	임갑
일주	임오	임정
시주	□□	□□

정임합목과 갑목으로 그물망을 형성하고 있고 매우 강력합니다. 특지신금이 목기들을 극하나 수기가 받쳐 주는 목기들이기에 역생되며 금극목은 소리와 관련된 영역에서 고음 관련 유리한 운기입니다.

특주	무술	무무
년주	계해	계임
월주	임술	임무
일주	계미	계기
시주	□□	□□

무계합화로 연결된 그물망격이며 임수들이 합화를 불편하게 하고 있습니다. 그러나, 2임수가 합목되거나 특주에서 시주까지 한 곳이라도 목기가 오면 일체화 합화그물의 버팀력은 높아집니다.

재성인 금기가 오면 일지기토 부근은 기토가 역생소통시켜 주며 특주나 년주에서는 특주 대기무토가 역생소통시켜 줍니다.

특주	정유	정경	
년주	계묘	계을	갑을
월주	을축	을계	
일주	경신	경경	
시주	□□	□□	

을경합금으로 특주부터 일주까지 연결되어 있습니다. 합으로의 연결로 연결력이 매우 강력합니다.

재성은 목기가 되는데 2계수가 내재되어 재물도 보호합니다. 또한, 세운 특주나 년주에서 임수가 오면 사주특간정화는 합목이 되어 재물운이 매우 강력하게 됩니다. 사주 내에 재물인 목기가 없어도 세운의 특, 년, 월, 일, 시 중 하나라도 목기가 오면 재물을 얻을 수 있으며 다가오는 갑을년주에도 재물이 있습니다.

특주	정유	정신
년주	병오	병병
월주	신묘	신갑
일주	병인	병갑
시주	□□	□□

신병합수로 특주부터 일주까지 연결되어 있습니다. 재성은 화기인데 2갑목이 받쳐 주고 있으니 재운이 매우 강하게 됩니다.

가장 긴 주기인 특간정화에 재물이 자리 잡고 있으며 합수 위에 있어서 극 받지 않습니다. 대비점으로는 사주특지신금은 정화극에 합수가 쉽지 않을 수 있는데 세운 등에서 주변 토기가 오면 이때 합수가 가능하게 되어 긴 그물망이 형성될 수 있습니다.

특주	무술	무무	기무
년주	갑자	갑임	
월주	기사	기경	
일주	무신	무경	
시주	□□	□□	□□

무토와 합토가 특주에서 월주까지 연결되어 있습니다. 준그물망격에 해당됩니다.

토기의 재성은 수기인데 년지임수가 있으며 경금이 보호하고 있습니다. 만약, 일간무토가 합화되면 금기가 재성이 되며 일간무토 가까이 2경금이 내재되며 합토에 의해 보호되고 있어서 이 또한 재운은 강하게 됩니다.

특주	갑오	갑병
년주	을축	을기
월주	갑신	갑경
일주	기축	기기
시주		

갑기합토로 연결된 그물망격입니다. 그리고 을경 합금을 생하게 되며 재성인 수기를 합금이 보호하게 됩니다.

사주 내 토생금의 식상이 발달되니 활동력이분주하며 그물망격이니 매우 오랫동안 활동력이 지속되는 운기입니다.

특주	정유	정신	신병합수로 연결된 그물망격이며 월지 경금이 그
년주	병오	**병기**	물망을 보호하고 있습니다. 반면, 재성인 화기를
월주	병신	**병경**	보호하는 목기는 부족합니다.
일주	신유	**신신**	
시주	□□	□□	

위 원리는 금생수로 그물망을 생하는 인성적 특징인데 그물망이 매우 강해질 수 있는 환경입니다. 특간정화는 합수의 재성이 되며 합수 위에 있어서 충극되지 않습니다.

특주	갑오	갑정	다수의 을목과 정임합목, 갑목으로 하늘과 땅이
년주	을해	을임	연결된 준그물망격 입니다. 월지신금이 일지을
월주	을유	을신	목을 극하고 있지만 목기가 많아 버팀력은 내재
일주	을묘	을을	됩니다.
시주	□□	□□	

해당 사주인 중 격한 운동과 관련된 분이 계시며 오랫동안 챔피언 자리를 유지한 기록을 세운 분이 계시는데 재운을 넘어 지속, 장수, 다산 등 그 결과는 다양할 수 있습니다.

특주	갑오	갑병
년주	정묘	정갑
월주	갑진	갑무
일주	신묘	신을
시주	□□	□□

그물망이 목기이며 3갑목 1묘목입니다. 그런데, 일간은 신금입니다. 일간신금의 입장에서 목기는 재물이며 신금이 합수되면 목기는 식상입니다.

갑목이 합토되거나 을목이 합금되면 그물망은 소멸하니 준그물망격이라 볼 수 있으며 일간과 다른 그물망입니다.

특주	갑오	갑정
년주	을해	을임
월주	정해	정임
일주	신해	신임
시주		

정임합목과 갑을목으로 연결된 그물망이며 일간이 신금이며 그물망은 재성격입니다. 신금이 합수되면 그물망 목기를 생해 줍니다.

특수관점으로 일간신금이 그물망 재성 목기를 극해도 인해전술격이므로 버팀력이 내재되며 대기임수에 의해 오히려 역생소통되는 재성입니다. 또한, 신금이 합수되면 그물망 목기에 설기되는데 일간자리이기에 설기는 제한되며 신금과 합수의 교차에 설기는 또 제한됩니다.

만약, 일간신금이 대운과 합수되어 고정된다면 그물망 합목에 지속적으로 설기되어 불편할 듯한데 아직 명확히 알아내지는 못하였습니다.

특주	을미	을정	그물망이 목기이며 3을목 1갑목으로 준그물망격
년주	기묘	기을	입니다.
월주	을해	을임	일간은 병화입니다. 병화는 목기 그물망의 생을
일주	병인	병갑	받으며 병화가 합수되면 그물망을 생하게 됩니다.
시주	□□	□□	

특수관점으로 그물망이 일간을 지나가지 않을 때 일간이 인해전술격 그물망을 생하게 된다면 엄청난 설기가 될 수 있으며 고달플 수도 있습니다. 그런데, 일지가 아닌 일간 자리에 있기에 설기는 제한적으로 됩니다. 또한, 병화일 때는 생을 받으니 설기는 좀 더 제한됩니다.

특주	갑오	갑정		갑을목의 준그물망이 내재되며 일간은 신
년주	갑술	갑무		금이므로 그물망이 재성입니다. 신금이 합
월주	을해	을무	을갑	수되면 목기를 생히게 됩니다.
일주	신묘	신갑	신을	
시주	□□	□□		

특수관점으로 일간이 합수되면 인해전술격 그물망에 설기되어 힘들 수 있습니다. 다행히, 일지가 아닌 일간자리이기에 설기는 제한적이며 신금일 때는 설기되지 않으니 설기의 불편함은 제한됩니다.

특주	을미	을기		합토기토로 연결된 그물망이 형성되었으
년주	갑신	갑경	갑임	며 일간이 을목이므로 그물망이 재성이 됩
월주	신미	신기		니다.
일주	을미	을기		
시주	□□	□□		

일간을목이 합금되면 그물망이 인성이 됩니다. 사실, 월간신금이 일간을목을 극하여 일간은 재성의 득을 얻지 못하지만 신금이 세운 등과 합수되면 이때는 재성 그물망을 득할 수 있습니다.

특주	갑오	갑병	갑을목으로 연결된 준그물망격입니다. 일간을목이
년주	정묘	정갑	합금되면 계수를 거쳐 재성 목기들과 소통됩니다.
월주	계묘	계갑	
일주	을사	을병	
시주			

특주	갑오	갑정	3갑목과 2정화의 주기적 합목으로 연결된 준그물
년주	갑술	갑무	망격입니다.
월주	갑술	갑신	또한, 합수가 받쳐 주니 든든한 그물망입니다.
일주	정사	정병	
시주	□□	□□	

특주	계사	계경	계사	계병	두 번째 격국은 수기 그물망격
년주	을묘	을을	신유	신신	이며 첫 번째 격국의 목기와 금
월주	정해	정임	병신	병무	기를 역생소통시켜 줍니다.
일주	경신	경경	신해	신임	
시주	□□	□□	□□	□□	

두 번째의 수기가 첫 번째의 정임합목을 역생시킴과 동시에 그물망의 특수운기를 첫 번째와 소통 공유하게 되면 1리터와 1리터가 만나 2리터가 아닌 그 이상의 운기가 형성되는 것은 아닌가 생각됩니다.

경금은 큰 금기로 조선, 건설의 철강하고도 인연이 될 수 있으며 을경합금은 조선, 자동차의 용접이나 건설의 철골조와도 인연될 수 있습니다. 그리고 정임합목은 금기의 재물인데 두 번째 사주 합수 그물망 운기와 만나 역생소통 되면서 합융화되면 첫 번째 사주가 두 번째의 그물망격 재물 운기도 함께 얻 어 낼 수 있는 것은 아닌가 생각됩니다.

첫 번째 격국의 월간정화가 합수에 극 받아 합목이 풀리는 것은 아닌가도 생 각해 볼 수 있는데 첫 번째 격국의 년주 2을목은 순차합금되니 대기1을목이 정화를 보호할 수 있습니다. 그리고, 한국은 목기이기에 정화의 버팀력은 좀 더 높아질 듯합니다. 그러면서, 두 번째 격국 일지임수와 합목이 연결되니 수 극화는 완전히 소멸되고 역생소통되며 재운은 더욱 커지게 되며 그물망 운기 도 교류되지 않을까 추정됩니다.

여러 사주의 합 융합 교류는 아래 인성 편 노벨상 공동 연구 관련 분들에게서 좀 더 자세히 논하고 있습니다. 여러 사주들의 교류는 부부관계로만 가능한 것이 아니라 법적인 공동 사업이나 공동 연구 등 모두 가능할 듯합니다.

그물망격은 확률적으로 비율이 매우 적습니다. 그런데, 세상에 유명한 분 중 그물망을 보유하신 분들이 적지 않은 편입니다. 이 논지는 그물망의 운기가 매우 강력하다는 것을 뜻할 수 있습니다. 그러면, 강함의 부작용은 없는지도 생각해 봐야 합니다. 만약, 사주 내 그물망 이외의 요소 중 그물망에 극을 받 거나 그물망에 설기된다면 그 불편함은 커질 수 있습니다. 또한 세운이나 대 운과 합이 되는데 그 합을 그물망이 극하면 불편율이 높아질 수 있습니다.

그물망이 내재되면 업적이나 성과는 분명 커질 확률이 높아지지만 그물망이 일간과 연결되어야 유리하며 일간과 연결되지 않을 때는 일간이 그물망의 생을 받거나 비겁격이면 무난하나 일간이 식상 등 생을 해 주어야 하거나 관성 등 극을 받는 상황이라면 불편함이 커질 수 있습니다. 물론, 소통세라면 버팀력은 내재될 듯합니다.

설기현상에 있어서 합목이나 갑을목에는 합수나 임수보다는 계수가 가장 설기되며 합화나 병정화에는 을목이 가장 설기되며 합토나 무기토에는 정화가 가장 설기되며 합금이나 경신금에는 기토가 가장 설기되며 합수나 임계수에는 신금이 가장 설기됩니다. 그런데, 계수는 간혹 합화되어 목기에 역생되며 정화는 합목되어 토기를 제압하며 신금은 합수되어 수기와 동화됩니다.

을목이나 기토가 확률상으로는 가장 불리할 수 있습니다.

22. 합변화 속 보강-충치 효과

특주	갑□	갑□	갑□	갑목 속 부분 갑기합토가 됩니다.
년주	□□	기□	□□	갑목과 합토와 호환성은 좋다고 볼 수 없
월주	□□	□□	□□	습니다.

특주	기□	기□	기□	기토 속 부분 합토가 되며 기토가 보강됩
년주	□□	갑□	□□	니다.
월주	□□	□□	□□	

특주	병□	병□	병□	병화 속 부분 합수가 됩니다.
년주	□□	신□	□□	병화와 합수의 호환성은 좋다고 볼 수 없
월주	□□	□□	□□	습니다.

특주	신□	신□	신□	신금 속 부분 합수가 됩니다.
년주	□□	병□	□□	긴 주기의 신금이 합수를 받쳐 줍니다.
월주	□□	□□	□□	

특주	무□	무□	무□	무토 속 부분 합화가 됩니다.
년주	□□	계□	□□	합화가 긴 무토를 강화시켜 줍니다.
월주	□□	□□	□□	

특주	계□	계□	계□	계수 속 부분 합화가 됩니다.
년주	□□	무□	□□	긴 주기의 계수와 부분 합화와 호환성은
월주	□□	□□	□□	좋다고 볼 수 없습니다.

특주	경□	경□	경□	경금 속 부분 합금이 되며 금기가 보강됩
년주	□□	을□	□□	니다.
월주	□□	□□	□□	

특주	을□	을□	을□	을목 속 부분 합금이 됩니다.
년주	□□	경□	□□	긴 주기의 을목과 부분 합금은 호환성이
월주	□□	□□	□□	좋다고 볼 수 없습니다.

특주	임□	임□	임□	임수 속 부분 합목이 됩니다.
년주	□□	정□	□□	합목은 주변 임수의 생을 받아 금기로부터
월주	□□	□□	□□	보호막이 형성됩니다.

특주	정□	정□	정□	정화 속 부분 합목이 됩니다.
년주	□□	임□	□□	정화를 부분 합목이 지원합니다.
월주	□□	□□	□□	

23. 교량, 다리 효과

교량, 다리 효과는 사람의 운세감정보다는 주로 나라별 지수에 대한 기술적 차트 분석에 적용됩니다.

교량, 다리는 수평체를 교각, 교대로 받쳐서 세워진 건축물입니다. 교량, 다리는 교각과 교각 사이가 쳐지지 않고 평평한 것이 특징입니다. 천지오륜장이 나라별 지수로 표현될 때 교량, 다리 효과가 종종 나오고 있습니다. 단지, 큰 주기의 사례가 많지 않아 아직 장담하기는 어려운 상황입니다.

천지장에 있어서 교량, 다리 효과란 긴 주기가 불편한 상태인데 하부 주기에서 주기적으로 생을 해 주면 잘 버티는 효과를 말합니다. 만약, 주기적으로 생을 해 주는 기간 간격이 너무 길면 다리 가운데가 축 쳐지는 현상이 발생될 수도 있으니 적절한 간격이 요구됩니다. 반면, 생해 주는 요소가 너무 강하면 불쑥 상승이 나올 수도 있습니다.

그런데, 특주와 년주가 합이 되면서 월주에서 교량, 다리 효과가 적용되면 처짐이나 불쑥 상승도 제한되지 않을까 생각됩니다.

천지장은 대부분 복잡하여 이론처럼 명료하지는 않습니다. 다양한 특수격국들이 혼합되어 있어서 하나씩 하나씩 분리하여 재분석해야 이해될 수 있습니다.

02

천지오륜장 그리고 사람과 문화

1장. 의료 영역의 특수운기와 기타 등등

의술, 의료, 의학계는 인체의 구성에 따라 전문성으로 나뉘어 운영되고 있습니다. 그러나, 그 의사 선생님들의 교육과정에 있어서는 총괄적 교육을 거친 후 그 위에 한 분야의 전문성으로 진출되고 있어서 사주역학 관점으로 특이한 차이점을 찾기가 쉽지 않을 듯합니다. 더구나, 연예계나 정치계처럼 전 국민들의 관심 대상이 아니기에 출생일에 대한 정보가 많지 않으며 다양한 데이터를 얻기도 쉽지 않습니다.

영역마다 유명한 몇십 분 정도의 데이터로 분석한 후 간추린 요약성 내용인데 많지 않은 상황이기에 검증성이 부족할 수 있으나 원하는 방향으로 유도하기 위해 추려낼 수도 유도할 수도 없는 상황입니다.

그러나, 생각 외로 적은 데이터인데도 영역마다 특성이 어느 정도 자리 잡고 있습니다.

적은 데이터이지만 특정 영역은 특수한 격국들이 자주 나타나고 있음에 놀라지 않을 수 없습니다. 물론, 모두 그러한 것은 아니며 모두 명료하게 특징이 나타나지는 않습니다. 어떤 영역은 복합적이어서 또는 인체 작용의 복합성에 알아내기 어려운 영역도 적지 않습니다. 더구나, 의료 기술의 진보에 나타나는 특성도 점차 다변화되어 가고 있습니다. 아래에서 논하는 운기의 특징들은 현재부터 과거지향적 운기에 가까우며 미래지향적 운기는 다변화되어 분석이 쉽지는 않을 듯합니다.

지금은 비록 미흡하지만 차후 많은 역술가분들이 많은 인연체분들과의 교류로 좀 더 명확한 특성을 정립하실 것으로 판단하며 조물주님이 운영하시는 세상 만물의 운영 체계에 대한 깊은 철학도 자리 잡게 될 것으로 생각됩니다.

음양오행에 따른 신체 장기별 특성									
갑甲	을乙	병丙	정丁	무戊	기己	경庚	신辛	임壬	계癸
간(肝) 쓸개(담膽)		소장(小腸) 심장(心臟)		위장(胃腸) 비장(脾臟)		대장(大腸) 폐(肺)		방광(膀胱) 신장(腎臟)	

목기가 금극목 되면 교통사고, 산업재해, 디스크 질환부터 간암, 요로결석, 신장결석 등과 인연될 수도 있습니다.

화기는 심장이나 소장과 인연이 많고 화기는 사람 체온과 인연이며 정화는 합목된 후 금극목되면 심장박동과도 인연됩니다. 특히, 수극화되면 심장마비와 인연될 수 있는데 병화보다는 무계합화의 수극화가 좀 더 위험할 수 있습니다.

무토는 위장 이외에도 덩어리 계열 근육, 비만 등과도 인연이며 근무력증, 비만 관련 성형외과와도 인연될 수도 있습니다.

금기는 폐, 피부 및 수술 관련 인연이 많습니다.

수기는 토극수되면 혈액암 등 각종 만성질환을 조심해야 합니다.

정형외과

정형외과의 경우 분석해 보면 특이하게도 경금이 자주 나오고 을경합금이 많으며 그 합금을 기토로 보호하는 경우가 적지 않습니다. 부러진 뼈를 움직이지 못하게 하여 잘 붙이는 데 협조를 하는 깁스(Gips)를 연상하게 됩니다. 그리고, 좀 더 넓게는 금기와 목기의 관계도 적지 않게 내재 됩니다. 금기와 목기의 관계적 운기는 단순하지 않은 듯하며 인체의 뼈와 사고 충격과의 상황을 의미하는 듯합니다.

수술 영역은 경신금이 자주 나오는데 징형외과는 경금이 좀 더 나오며 신경외과, 성형외과 등에서는 신금이 좀 더 나오는 편입니다.

다음은 교육적 관점을 위해 명료한 격국만 정리하여 올린 내용들입니다. 실제는 매우 복잡할 수 있습니다.

오주	지장간		상부에 을경합금이 자리 잡고 있으며 년지기토가 받쳐 주고 있습니다.
병신	병경		
을미	을기		
병술	병무		
갑자	갑계	임계	
□□	□□		

오주	지장간		상부에 을경합금이 자리 잡고 있으며
병신	병경		3기토가 받쳐 주고 있습니다.
을미	을기	병기	
기축	기기		
신묘	신을	갑을	
□□	□□		

오주	지장간		하부에 을경합금이 자리 잡고 있으며
정유	정경		특지도 경금이며 년지기토가 금기들
신축	신기		을 받쳐 주고 있습니다.
정유	정경		
을사	을병	무경병	
□□	□□		

오주	지장간		상부에 경을합금이 자리 잡고 있으며
정유	정경		월간 갑목이 주기적으로 합토될 때마
계묘	계을		다 합금을 받쳐 줍니다.
갑자	갑계		
임인	임갑	무병갑	
□□	□□		

오주	지장간		특지경금과 월지경금은 세운 등과 주
정유	정경		기적으로 을경합금이 되며 기갑합토
임인	임갑		가 받쳐 주고 있습니다.
기유	기경		
신해	신임	무갑임	
□□	□□		

신경과나 정신과는 치매, 두통, 어지러움, 수면 부족 등의 관리 영역부터 뇌종양 등 수술이 요구되는 고난도 영역까지 이어지고 있습니다. 주로 뇌의 작용과 뇌와 연결된 중추신경과의 인연인데 뇌 신경의 원활함이 중요할 수 있습니다.

그래서인지 금생수 운기와 신병합수 운기의 인연이 많습니다. 임수, 계수보다 신병합수가 많은데 임수나 계수는 합목이나 합화로 변화되지만 합수는 더 이상 변하지 않는 확실한 수기이므로 자주 나오는 듯합니다. 특히, 신금은 기토와 함께 전기영역에서도 자주 나오는데 전기선이나 통신선도 전기나 통신을 통과시키는 전도체와 인연입니다.

흉부과는 심장 관련입니다. 정화가 자주 나오며 임수와 함께 정임합목이 인연될 수 있습니다. 간혹은 금극합목이 나오기도 하는데 의료영화에서 보면 심장이 정지하였을 때 전기 충격으로 심장 박동을 유도하는 것처럼 금극합목의 운기가 인연되는 경우도 종종 있습니다.

소화기과는 위, 장과 간담, 췌장 등으로 나누어 진료하는 경우가 많지만 같은 과의 분류일 수 있습니다. 구분해 보면 소화기 위, 장쪽은 무토와 인연이 많으며 소화액, 간담, 췌장쪽은 계수와 인연인 듯합니다. 위장과 소화액, 위산액, 간담·췌장액들이 만나 무계합화가 되어 소화가 되는 원리로 이해됩니다.

많은 분들의 사주들을 살펴보다보면 갑작스런 비만으로 어려움을 겪으신 분들이 언론에 이슈되기도 하는데 그 분들의 사주는 무계합화와의 인연되면서 대운 등과 충극이 연결되는 경우가 적지 않았습니다.

위, 장에서 위장운동과 소화액으로 소화되기도 하지만 간에서 알콜 해독작용이나 췌장에서 인슐린 당 분해 작용도 소화의 인연입니다.

무토는 위, 장을 넘어 살, 근육 등을 뜻하는 듯하며 계수는 소화액, 간담액,

췌장액 등 특수한 액체와 인연인 듯하며 계수는 주식 시장의 음료·식품주나 제약주와도 상관성이 느껴지기도 합니다.

합화는 소화작용 이외에 항공의 연소작용과 인연되기도 하는데 연료가 점화되어 추진력이 발생되는 원리와도 인연되는 듯합니다.

치과 영역에서도 특성이 나타나고 있으나 많이 알아내지 못하였으며 다소 미흡할 수 있습니다. 치과는 단단한 치아 영역으로 치아의 윗부분과 아랫부분이 만나 음식물을 소화시키기 쉽게 잘게 만드는 위치입니다. 예상처럼 경금이 많고 을목과 함께 을경합금 운기가 중심인 듯합니다.

이비인후과는 귀, 코, 목구멍 등의 질환을 치유하는 곳인데 세상의 진보로 치료의 범위가 점점 다변해가고 있습니다. 그러나, 가장 원천적인 중심은 귀가 아닐까 생각됩니다.

귀와 관련되어 달팽이관의 형상 및 목구멍, 콧구멍 등 구부러진 형상의 이비인후과 영역은 넝쿨 을목과 인연이 많을 것으로 예상했는데 의외로 무기충의 인연이 적지 않았습니다. 충의 관계는 사고, 충돌의 형태적 상황 이외에 작용 반작용 소리와도 인연일 수 있고 그 충격의 운기를 사고가 아닌 의료의 긍정으로 이끌 수도 있음을 알 수 있는 하나의 사례가 될 수 있습니다.

소리는 안정적일 때 발생되지 않으며 충돌 또는 만남에 의한 반작용이기에 대립 관계가 전제조건인 듯합니다. 가수 편에서도 목기와 금기의 대립이 소리운기와 인연이 많다고 논하였고 이비인후과 역시 무기충 등 충작용의 운기가 적지 않게 나오고 있습니다.

특히, 무기충에 있어서는 상하 관계 이외에 다가오는 운기와의 충이 많은데 이는 접경구간으로 고막이 안쪽과 바깥쪽의 경계선을 이루는 것처럼 아주 독특한 형상운기입니다. 다가오는 또는 지나간 운기는 접경구간인데 이 접경구간과의 인연은 2곳이분리된 통일 관련 영역에서의 분들에게서도 종종 나오고 있습니다.

아래의 이비인후과 사례 역시 교육적 관점으로 명료한 격국만 정리하여 올린 것이며 실제는 매우 복잡하며 세상의 진보에 특징도 변할 수 있습니다.

오주	지장간		특지기토와 다가오는 특지무토가 접경구간에서 기-무 충으로 대립하고 있습니다.
병신	병기	병무	
신묘	신을		
병신	병임		
경인	경인	무병갑	
□□	□□		

오주	지장간		년주, 월주의 접경구간을 사이로 기-무 충이 대립되고 있습니다.
정유	정신		
정미	정기	무기	
계축	계기	갑무	
신축	신기	계신기	
□□	□□		

오주	지장간		
무술	**무무**		접경구간을 사이로 기-무 충이 대립되고 있습니다.
경신	경경	신경	
기축	**기기**	경**무**	
기해	**기**임	**무**갑임	
□□	□□		

오주	지장간		
정유	정신		상하로 기무충이 연속되고 있습니다.
경술	경[무]		
계미	[계]기		
무신	[무]申	기무임경	
□□	□□		

오주	지장간		
무술	**무무**		상하로 기무충이 연속되고 있습니다.
무오	**무기**		
기미	**기기**		
정해	정임	무갑임	
□□	□□		

이외에도 진료과는 많습니다. 아직 교육적으로 공개할 만큼 정립되지는 못하였으며 개인적으로 혼자 하기에는 오랜 세월이 걸려도 완성하지 못할 듯합니다. 더구나, 의료의 진보에 의료 영역 마다의 특성이 다변화되어 가고 있기에 앞으로는 의료 영역의 특성 운기를 정립하기가 쉽지 않을 수도 있습니다. 예를 든다면 성형외과의 경우 과거에는 신금의 비중이 높았습니다. 수술의 메스와 인연된 듯합니다. 그러나, 점차 비만 관리에 의해 무토의 인연자들도 늘어나고 있으며 무토는 지방, 근육, 덩어리 장기 등과 인연될 수 있습니다. 또한, 첨단의료장비의 운영도 특성운기를 다변화시키고 있습니다.

만약, 천지오륜장이 세상에 전파되고 향후 의료계의 분들이 의료 전공 이외에 2차 교양 과목으로 천지오륜장을 연구하신다면 세상 비결에 대한 중요한 원리들을 찾아내실 수도 있지 않나 생각이 듭니다.

한의학계에서는 오래전부터 역술과의 접목을 하고 계신데 특주의 관점과 지장간의 관점으로 재분석하신다면 매우 실효적인 성과를 얻으실 듯합니다.

위에서 논한 원리들은 진료과의 의사 선생님들 사주에서 자주 나오는 격국들인데 사실 어떠한 질병과 인연이 될 것인가에 대한 환자에 대한 관점도 중요할 듯합니다.

만성질병 같은 경우 사주 내 화기가 지나치거나 건조한 경우가 많습니다. 이 외에도 토극수되어 혈액이 혼탁되어 발생되는 질병도 있습니다. 그리고, 긴 주기인 대운이나 세운특주와 충극되는 경우가 많습니다.

대운과 세운특주는 주기가 매우 길기 때문에 오랜 세월 충극이 되면 한순간에 사건·사고가 나지 않더라도 만성질병으로 이어지는 경우가 적지 않은 듯합니다.

2장. 소리 영역의 특수운기와 기타 등등

소리운기는 가수, 성악, 국악 등등의 소리 영역과 인연되어 사주에 자주 발견되는 운기입니다. 크게 화토금 운기와 금극목 운기가 있는데 화토금은 화생토생 금으로 최종 금속을 달아오른 토기로 두두려 경쾌한 소리의 운기가 되는 듯하며 금극목은 금이 목을 치는 운기인데 고음과 인연이 많습니다.

금극목에 있어서 목기가 금기 위에 있어서 실제 극 받지 않거나 수기가 금극목 사이에 있어서 오히려 소통되면 고음은 다소 낮아질 수 있습니다. 반면, 역전의 용사격처럼 금극목에서 목기를 수기가 아래에서 받쳐 줄 때는 금극목 운기에 고음이면서도 생동감이 있거나 약간 부드러울 수 있는데 수기 없이 직접적으로 금이 목을 극하는 경우는 고음의 인연은 있지만 탁하거나 부드러움이 적을 수 있으며 삶에 있어서도 불편율이 인연될 수 있습니다. 물론, 세운 등에서 주기적으로 수기가 오니 크게 차이나는 경우는 많지 않지만 긴 주기로 보았을 때는 적지 않게 차이가 날 수 있습니다.

금극목은 역으로 사찰의 종과 인연일 수도 있는데 과거 국악에서 한이 맺혀야 진정한 소리가 나온다는 영화 이슈들도 있는 듯하며 과거로 갈수록 소리의 인연은 매우 고되었을 듯합니다.

소리의 운기가 비록 가수 등의 활동에 협조가 되지만 소리운기를 내재하고 있다고 모두 가수 등의 영역에 인연되기는 어렵습니다. 우선순위상 선천적 음악적 소질이 있어야 하며 만약 유전적으로 음치라면 직접적 가수 활동보다는 작곡이나 소리 관련 다른 업무에 인연율이 높을 수 있습니다.

오주	지장간		금극목: 일지유금이 경금일 경우 정임합목과 경금의 금극목 관계에 신병합수에 의해 역생소통이 이루어집니다. 일지유금이 신금일 경우 정임합목이 신병합수의 대기 신금과 금극목을 이루며 합수에 의해 소통됩니다.
을미	을기		
정해	정무		
임인	임무	임병	
신유	신신	경신	
□□	□□		

오주	지장간		화토금: 병화생 기무토생 합금
병신	병기		금극목: 합금과 을을일주는 금극목 관계이나 합금이 될 수 있는 요소이기에 무난한 금극목입니다.
경인	경무		
기묘	기을		
을묘	을을	갑을	
□□	□□		

오주	지장간		금극목: 년간갑목과 일간갑목과 일지정화의 합목이 특지경금, 월지신금과 대립되며 월간계수에 의해 소통되고 있습니다. 또한, 월지신금도 주기적으로 합수되며 이때는 소리운기는 약해지나 운세는 무난해집니다.
병신	병경		
갑오	갑정		
계유	계신		
갑오	갑정	병기정	
□□	□□		

오주	지장간	
병신	병경	
갑오	갑기	갑정
계유	계경	
갑술	갑무	신정무
□□	□□	

화토금: 상부 병화생 합토생 2경금으로 소통됩니다.
금극목: 일간갑목이 월지경금과 접촉되며 극 받지는 않습니다. 또한, 일간갑목이 합토되면 합화생 합토생 월지경금으로 두 번째 소통세가 이루어집니다.

오주	지장간	
정유	정신	
임자	임임	
임인	임갑	
임오	임정	병기정
□□	□□	

금극목: 사주 내 합목이 그물망을 이루고 있으며 특지신금이 극하고 있는데 대기 임수들이 특지신금을 넘어 계속 다가오는 세운 등의 금기를 역생소통시켜 주고 있습니다.

오주	지장간	
정유	정경	
임인	임갑	
임자	임계	
경인	경갑	무병갑
□□	□□	

금극목: 정임합목과 년지갑목이 특지경금과 금극목을 이루며 월주의 임계수에 의해 역전의 용사격이 됩니다. 또한, 일지갑목도 일간경금과 금극목 관계이며 역시 월주 임계수에 의해 소통세가 됩니다.

오주	지장간	
병신	병경	
무술	무무	
경신	경경	
무인	무갑	무병갑
□□	□□	

화토금: 병화생 무토생 경금으로 소통세가 좋습니다.
금극목: 일지갑목이 경금에 극 받는데 세운의 시주 등에서 수기는 주기적으로 오므로 버팀력은 내재되나 평상시 수기와의 인연이 좋을 수 있습니다.

오주	지장간		금극목: 대운 등에서 정화가 오면 년지임수와
병신	병경		일간임수는 합목이 됩니다. 그러면, 금극목이
경자	경임		형성되는데 정화가 오는 특정 시기에 소리 관
기묘	기을		련 활동이 집중될 수 있습니다.
임자	임계	임계	
□□	□□		

오주	지장간		금극목: 정임합목과 갑목의 주변으로 금기가
정유	정경		매우 많습니다. 월지신금이 세운 등과 합수되
임인	임갑		면 목기들은 힘을 얻고 년지갑목은 역전의 용
경술	경신		사격이 됩니다.
을유	을신	경신	
□□	□□		

금극목에 있어서 경금과 신금 대비 양목과 음목에 따라 고음과 저음 등 소리의 특성이 달라지는 듯합니다.

만약, 자신의 사주가 금극목을 넘어 충극 내재 사주라면 삶의 불편율이 높을 수 있거나 사고율이 높을 수 있습니다. 물론, 세운 등에서 역생소통의 요소들이 주기적으로 오니 실제 체감률이 낮을 수 있으나 언젠가는 역생소통이 부족한 시기에 불편함과 인연될 수도 있습니다.

그런데, 그 충극을 오히려 긍정으로 활용하는 방법은 없을까 고심할 필요가 있습니다. 그리고, 가수 등 소리 영역의 경우를 살펴보면 완벽할 수는 없으나 어느 정도는 긍정으로 활용한다고 할 수 있습니다. 물론, 가수 등의 영역분들 사주를 살펴보면 대부분 금극목이 내재되지만 역생소통 요소들도 적지 않게 내재되어 순수한 금극목이라 할 수는 없습니다. 그러나, 대부분 소리 영역에 인연이 있었기에 충극 운기를 동반하며 충극의 운기를 소리로 활용하여 인기를 넘어 수익으로까지 대응하였기에 긍정적 대응이라 할 수 있습니다. 이러한 원리는 금극목 이외에 수극화, 목극토, 화극금, 토극수도 있으며 해당 충극을 긍정으로 활용할 수는 없을까 다 같이 고민해 보자는 취지에 수록하게 되었습니다.

3장. 음양오성과 인생

1. 음양오성 기본구성

> 음양오성: 10성(星), 육신(六神), 육친(六親, 肉親)

전문가분들은 육신(六神)이나 육친(六親, 肉親)이란 표현을 많이 하며 간혹 10성이라 표현하기도 하는데 저는 10성이라 표현함이 육신, 육친보다 합당한 듯하며 좀 더 구체적으로는 음양오성이 적절한 듯합니다. 음양오성은 5개의 성질이며 하나의 성질마다 음과 양으로 나뉘며 최종 10개의 성질이 존재함을 말합니다.

음양오성은 보통 일간(자신)을 기준으로 다른 위치의 요소들을 분석합니다.

비겁	비견	오행이 같고 음양이 같은 것
	겁재	오행이 같고 음양이 다른 것
식상	식신	자신이 생하며 음양이 같은 것
	상관	자신이 생하며 음양이 다른 것
재성	편재	자신이 극하며 음양이 같은 것
	정재	자신이 극하며 음양이 다른 것
관성	편관	자신을 극하며 음양이 같은 것
	정관	자신을 극하며 음양이 다른 것
인성	편인	자신을 생하며 음양이 같은 것
	정인	자신을 생하며 음양이 다른 것

위에서 일간만을 자신이라 논하고 있는데 사실 년주는 청소년기의 자신이며 월주는 장년의 자신이며 일주는 중년의 자신이며 시주는 말년의 자신일 수도 있습니다. 중년이 가장 왕성한 활동기이기 때문에 일간을 대표 자신으로 볼 수도 있습니다.

물론, 시주는 자식이며 일주는 부부관계이며 월주는 가족 및 직장동료이며 년주는 사회운, 국운이며 특주는 조상 또는 가까운 전생으로 볼 수도 있습니다.

사주 내에서 또는 대운이나 세운에서 비겁이 강조되면 사람들과의 관계가 강조되는 경우가 많습니다. 투표관련 정치와도 인연이 많고 군부대, 경찰, 노조 등 조직, 단체, 모임과의 인연도 적지 않습니다.

일간 주변으로 비겁이 접촉되면서 발달되면 "인기비겁"이라 표현하며 사람들과의 대인관계가 발달됩니다. 일간이 합변화 전후 모두 인기비겁에 해당되면 강력한 비겁격이라고 할 수 있습니다.

사주 내에서 또는 대운이나 세운에서 식상이 강조되면 추진, 실행, 요리, 발명, 연구와 인연이 강조되는 경우가 많습니다. 좀 더 넓게는 지도자, CEO, 책임자와도 인연율이 높아집니다. 식상은 자신이 생하려 하는 운기이며 무엇인가 스스로 하려는 주체성입니다.

일간 주변으로 식상이 접촉되면서 발달되면 "추진식상"이라 표현하며 스스로 추진하려는 경향이 강해집니다. 일간이 합변화 전후 모두 추진식상에 해당되면 강력한 식상격이라고 할 수 있습니다.

사주 내에서 또는 대운이나 세운에서 재성이 강조되면 재운과 인연이 강조되는 경우가 많습니다. 재성은 편재와 정재가 있으며 편재는 일확천금처럼 불규칙한 재물이며 정재는 월급같이 규칙성 재물입니다. 또한, 재성은 자신이 극하는 요소인데 주변 격국과 소통이 되어야 재운이 늘어나지 재성이 많아도 소통되지 못하면 재운이 약화됩니다.

일간 주변으로 재성이 접촉되어 발달되면 "부자재성"이라 표현하며 재물 획득에 대한 관심과 노력이 많고 실질적으로 노하우도 많은 편입니다. 일간에서 멀리 재성이 형성되었다고 재운이 낮은 것이 아니며 멀리 있어도 재성이 합으로 크다면 부자격보다 더 큰 대부격으로 칭할 수도 있습니다. 이 논리는 다른 오성 모두 동일합니다. 일간이 합변화 전후 모두 부자재성에 해당되면 강력한 재성격이라 할 수 있습니다.

사주 내에서 또는 대운이나 세운에서 관성이 강조되면 직장운, 일복과 인연이 강조되는 경우가 많습니다. 자신을 극하는 요소라고 일방적으로 자신을 충극하면 직장운이라기보다는 사고칠살, 사건·사고와 인연될 수 있습니다. 또한, 직장운이 긍정되려면 관성이 보호받으면서 관성이 일간을 극하지 않게 거리가 있거나 역생소통체 인성이 같이 있어야 됩니다.

일간 주변으로 관성이 접촉되어 강조되면 "역마관성"이라 표현하며 한 곳에 있지 못하고 여러 곳을 다니는 역마살과 같은 운기가 인연됩니다. 대표적으로 영업 사업, 체인점 관리, 택배 사원, 외교부 직원 등등이 그러하며 때로는 운동선수 등에서도 자주 나옵니다. 운동선수 같은 경우는 활동기 시기 대운이나 세운과 관련되어 형성되는 경우가 많습니다. 반면, 평생 직장 관련분들은 사주 내에 형성되는 경우가 많습니다. 일간의 합변화 전후 모두 역마관성에 해당되면 강력한 관성격이라 할 수 있습니다.

사주 내에서 또는 대운이나 세운에서 인성이 강조되면 인정받는 운과 인연이 강조되는 경우가 많습니다. 자격증 취득부터 헌금 관련 종교, 예산 관련 재단 등과도 인연이 많으며 연구, 개발과도 인연이 많습니다. 심지어 노벨평화상이나 노벨과학상 수상자들에게서도 자주 나오고 있습니다. 원리가 세상으로부터 인정받는 것인데 존경받기에 종교에서 헌금을 받으며 인정 받기에 불투명한 미래성에도 연구비를 받아 연구를 하게 됩니다. 물론, 지나치면 역작용이 발생될 수 있습니다.

일간 주변으로 인성이 접촉되며 발달되면 "공양인성" 이라 표현하며 노벨평화상 수상자분들에게서도 자주 나오고 있습니다. 일간이 합변화 전후 모두 공양인성에 해당되면 강력한 인성격이라 할 수 있습니다. 철학적 관점으로 인성이 발달되었다는 것은 세상이 자신을 위하는 것인데 오히려 노벨평화상 수상자분들을 살펴보면 평상시 세상을 위해 헌신을 하는 경우가 많습니다. 결국은 에너지 보존의 법칙과 동시에 윤회와 인연인가도 생각해 봅니다.

2. 음양오성 10간 12지지

	갑	을	병	정	무	기	경	신	임	계
비견	갑인	을묘	병사	정오	무진술	기축미	경신	신유	임해	계자
겁재	을묘	갑인	정오	병사	기축미	무진술	신유	경신	계자	임해
식신	병사	정오	무진술	기축미	경신	신유	임해	계자	갑인	을묘
상관	정오	병사	기축미	무진술	신유	경신	계자	임해	을묘	갑인
편재	무진술	기축미	경신	신유	임해	계자	갑인	을묘	병사	정오
정재	기축미	무진술	신유	경신	계자	임해	을묘	갑인	정오	병사
편관	경신	신유	임해	계자	갑인	을묘	병사	정오	무진술	기축미
정관	신유	경신	계자	임해	을묘	갑인	정오	병사	기축미	무진술
편인	임해	계자	갑인	을묘	병사	정오	무진술	기축미	경신	신유
정인	계자	임해	을묘	갑인	정오	병사	기축미	무진술	신유	경신

주로 일간을 기준으로 10성을 구별합니다.

사화-오화-해수-자수는 지장간의 여기-중기-본기 중 본기를 기준으로 적용된 것입니다.

3. 비겁

오주	지장간		일간정화는 일지해수 속 임수와 합목된다고 보면 일간은 목기로 보며 사주 내 2을목 2갑목이 추가로 자리 잡고 있고 인해합목까지 있습니다. 비겁이 발달되어 있으며 준그물망격을 내재하고 있습니다.
임진	임을	임계	
갑진	**갑**을		
병인	병**갑**		
정해	정해	무갑임	
□□	□□		

오주	지장간		일간병화는 합수되며 특주에서 일주까지 합수가 그물망을 형성하며 비겁격이 됩니다. 월지계수와 일지무토가 합화되면 합수에 불편한데 년지을목이 역생소통시켜 줍니다.
병신	**병**무	병임	
신묘	**신**을	임을	
신축	**신**계		
병진	**병**진	을계무	
□□	□□		

오주	지장간		일간을목은 월지경금과 합금되며 일간을 금기로 볼 수 있습니다. 이에 특지경금과 년간경금이 내재되니 비겁이 많아 비겁격에 해당되며 금기 그물망격도 됩니다.
병신	병**경**	정경	
경자	**경**계		
갑신	갑**경**		
을미	**을**미	정을기	
□□	□□		

오주	지장간		이번 격국은 일간경금을 기준으로 3경금이 추가로 배치되며 그물망을 형성하였는데 3병화 1정화로 화기의 그물망도 형성되고 있으며 화극금이 되고 있습니다.
병신	병**경**		
병신	병**경**		
병신	병**경**		
경오	**경**오	병기정	
□□	□□		

병화는 주기적으로 합수되어 일간 기준 경금의 버팀력은 내재됩니다. 반면,

일지 속 정화가 합목되면 경금들에게 불편하게 됩니다. 또한, 그물망격에 성과율이 높은 삶이지만 화극금 내재로 평탄한 운기는 아닐 수 있습니다.

오주	지장간	
병신	병임	병경
갑오	갑병	
병인	**병병**	
신축	신기	
□□	□□	

이번 격국은 일간신금이 월주병화들과 순차 합수가 되는데 이외 특지임수도 있습니다.

이 정도면 비겁이 발달된 편에 속하며 세운에서 특주 주변으로 신축이 오면 상부 병화들도 합수되어 비겁이 좀 더 강조될 수 있으며 그물망격이 형성됩니다.

오주	지장간	
병신	**병경**	
병신	**병경**	
경자	**경계**	
경오	**경정**	
□□	□□	

일간이 경금이며 총 4경금에 비겁격이 발달되었으며 그물망이 형성되었습니다.
대비점으로 일지 정화가 월지계수에 극 받아 임수를 만나도 합목이 쉽지 않습니다.

세운 등에서 목기가 오면 역생될 수 있지만 지속적이지는 않습니다. 만약, 목기가 많은 산과의 환경이 인연된다면 역생률이 높아지지는 않을까도 생각됩니다.

비겁격은 비견과 겁재가 많이 구성되어져 있으며 간혹 그물망격도 형성되곤 합니다. 비견과 겁재는 동료를 뜻하며 단체 생활과 인연이 많아지게 됩니다.

대국민들과 인연된 선거, 투표 관련 국회의원이나 고위 공직의 자리와 인연이 많습니다.

단체 생활을 중요시 하는 노조, 군부대, 스포츠, 레크리에이션 등의 영역과도 인연이 많습니다.

동료들과의 호흡이 중요하고 대중들의 인기를 얻어야 하는 배우, 가수 등의 연예계와도 인연이 많습니다.

작게는 동호회, 동창회, 계모임 등도 인연이 많아질 수 있습니다.

공통적인 현상은 동료, 많은 사람들이 특징입니다.

좀 더 세부적으로 구분해 보자면 스포츠의 경우 축구, 배구, 야구의 경우는 단체 활동을 하니 비겁격에 적절하나 혼자서 하는 운동일 경우는 적절하지 않습니다. 또한, 축구의 경우 많은 분들의 사주를 살펴보니 공격수보다는 수비수 쪽에서 나오는 비율이 높았습니다. 원리에 있어서 단체 활동, 조직력의 운기에 공격수는 간혹 흐름을 이탈하여 또는 일부러 흔들며 방어선을 뚫어야 하기에 비겁격의 운기가 많지 않은 듯합니다. 또한, 군부대의 경우도 조직 활동, 단체 생활이 중요하나 군부대 안에서도 취사병, 운전병, 통신병, 보일러병 등 특성이 모두 다르기에 모두 비겁이 요구된다고는 단정할 수 없습니다. 이처럼 비겁의 특징을 잘 알아야 응용에 긍정률을 높일 수 있습니다.

비겁이 많으면 그물망도 형성될 수 있으며 그물망은 재물을 긁어모으는 재운, 성취운이라 할 수 있습니다. 실제 거대 기업의 운영자분들중에서 종종 발견되기도 하며 사업의 특징이 주로 많은 사람들과 소통, 교류하는 방식입니다. 사업가 이외에 배우, 가수 등 연예계 방송인들에게도 종종 발견되기도 하는데 대부분 사람들과의 관계가 중요한 운기라 할 수 있습니다.

"인기비겁"은 일간과 접촉된 것이며 일간이 합변화 전후 모두 형성되면 매우 강한 비겁격입니다. 물론, 비겁이 강하다고 반드시 좋은 것은 아닙니다. 자신의 환경과 시너지 작용이 되어야 긍정될 수 있습니다. 만약, 고시를 공부하고 있는 시기에 비겁이 발동하면 공부하지 않고 친구들이나 모임 활동에 우선될 수도 있기 때문에 긍정되기 위해선 사전 자신의 삶에 대한 설계를 하고 사주를 고려하여 환경에 대응해야 합니다.

4. 재성

재성은 자신이 극하는 요소입니다. 자신이 극하는 요소라고 무자비하게 극을 받는다면 그 사람의 재운은 불리하게 됩니다. 부자들의 재성은 대부분 재성을 보호하는 요소가 있으며 소통이 넓어졌을 때 발복되는 경우가 많습니다.

사주 내에서 재성이 보호받고 소통되는 경우는 재운이 매우 지속적이며 대운이나 세운에서 재운을 만나고 소통되면 해당 시기 집중적으로 재운이 발복됩니다.

일간의 합변화 전의 재성과 합변화 후의 재성은 다른 경우가 많습니다. 합변화 전후 모두 재성이 발달되어야 큰 부와의 인연율이 높을 듯합니다.

재성의 부자 그리고 관성의 지위 등 음양오성 관련 각 영역의 큰 궤도에 오르신 분들의 공통적 특징은 기본적으로 소통세가 좋아야 합니다. 그리고, 그 소통세 위에서 재성이 강조되면 부자와 인연되며 관성이 발달되면 지위와 인연되며 인성이 강조되면 명예, 존경, 인정 등과 인연됩니다. 좀 더 구체적으로 말씀드리자면 음양오성 중 어느 한 가지만의 집중은 비겁격 이외에는 좋지 않으며 고른 요소들의 균형적 배치가 중요할 수 있습니다.

동일 사주라 하더라도 어떤 이는 부자가 되고 어떤 이는 가난한 삶을 살 수도 있는데 여기에는 깊고 넓은 철학이 요구될 수 있습니다.

첫째로 환경에 따라 달라질 수 있습니다. 예로, 품격의 대명사 소나무에 있어서 씨앗이 바위에서 뿌리를 내리는 경우와 옥토에서 뿌리를 내리는 경우 수십 년 후 그 결과는 확연히 다르게 됩니다. 바위 위에서는 영양분이 부족하여 작은 성장에 간신히 생존함을 다행으로 여기고 있으나 옥토 위에서의 성장은 쭉쭉빵빵 거대목이 됩니다.

둘째로 주변 운기체들과의 관계에 결과가 달라질 수 있습니다. 가족이나 주변 지인들 또는 직장동료들과의 궁합에 따라 자신의 사주가 발복될 수도 있고 사장될 수도 있습니다.

셋째로 국운이나 지역운 또는 방위적 운기 등에 따라서도 달라질 수 있습니다. 기타 많을 수 있는데 부자의 정의는 상대성이 적지 않게 작용할 수 있습니다. 예로, 거지의 자식으로 태어났는데 부자운이 있으면 매일 동전 수십 개의 소득에서 매일 지폐 수십 장의 소득으로 커질 수는 있습니다. 그러면, 거지 자식의 부자운이 부러운 것일까요? 반면, 대기업 자식으로 태어났는데 재운이 부족하다고 하며 실제 자식이 물려받았는데 몇백 조 수익에서 몇조 원 수익으로 줄면 불쌍한 사주일까요?

부자운이 있으면 상대적으로 전보다 부의 기회는 늘어나지만 배경과 환경의 차이에 따라 도전과 노력 여하에 따라 소득은 천차만별 달라질 수 있습니다.

재성을 대표하는 분들은 기업 경영주들부터 작게는 개인 사업자, 자영업자까지 해당되며 사업체를 이끌어야 하는 식상의 운기와 동행하는 경우가 많습니다. 만약, 식상이 없이 재성만 발달되면 사업체를 운영하지 않으면서 다르게 재물을 얻은 분들일 수 있습니다.

오주	지장간		일간무토의 재성은 수기이며 사주 내
임진	임무		임수 및 신병합수가 자리 잡고 있으며
경술	경신		2경금이 보호하고 있으며 무토생 경금
무인	무병		생 합수임수로 소통세도 무난합니다.
무신	무경		
□□	□□		

일간무토가 합화되면 금기가 재성이 되며 월간무토를 거쳐 일지경금을 생하며 년간경금 또한 무토들이 보호하고 있습니다. 일간무토와 월간무토가 동시에 합화되기는 쉽지 않으며 일간의 합변화 전후 모두 재성이 강하게 발달되어 있습니다.

오주	지장간	
정유	정경	
계묘	계을	갑을
을축	을계	
경신	경경	
□□	□□	

일간경금의 재성은 목기이며 일간경금은 합금으로 하늘과 땅을 연결하는 그물망격이니 사주 내 목기가 내재되지 않아도 세운 등에서 오는 목기는 모두 재물이 될 수 있습니다.

2계수가 내재되어 목기를 보호하니 긍정률은 좀 더 높아집니다.

오주	지장간	
병신	병경	
을미	을기	
병술	병무	
임술	임무	
□□	□□	

일간임수의 재성은 화기이며 상부 2병화가 자리 잡고 있으며 2무토도 주기적으로 합화가 됩니다.

일간임수가 합목되면 토기가 재성이 되며 1기토 2무토가 내재됩니다. 합목은 병화를 거쳐 토기들을 생하면서 보호하고 있습니다. 합변화 전후 모두 재성이 강조되고 있습니다.

오주	지장간	
갑오	갑기	
경오	경기	
갑신	갑경	
임자	임계	
□□	□□	

일간이 임수일 경우 재성은 화기인데 사주 내에는 일지계수의 합화와 2오화가 자리 잡고 있으나 2오화의 내면의 지장간으로는 합토의 관성적 운기입니다.

반면, 일간 임수가 합목되면 토기가 재성이 되며 사주 내 갑기합4토가 내재

되어 매우 강한 재물이 보유되며 소통세도 무난합니다

해당 동일 사주인분들중 시주에서 정화가 내재되면 합목률의 유지율이 지속되니 재운은 좀 더 커질 수 있으나 시주에서 주기적으로 정화는 다가오니 시주 무관 재운은 좋다고 볼 수 있습니다.

오주	지장간	
계사	계경	계무
을묘	을을	
정해	정임	
경신	경경	
□□	□□	

일간경금의 재성은 목기이며 월주에 정임합목이 강하게 자리 잡고 있으며 년주 을을목도 합금이 순차되므로 대기 상태의 을목 역시 재성이 됩니다.

또한, 월주 정임합목은 상부 합금에 불편할 수는 있으나 을목과 접촉되므로 버팀력이 내재되며 주변 인연체들과의 궁합중 수기가 인연된다면 재성 목기는 급격히 좋아질 수 있습니다.

월간정화가 세운 등에서 수기가 오면 극 받아 합목이 풀릴 수도 있는데 년주 을을목 중 대기 상태의 을목이 역생소통시켜 주니 합목률은 높을 수 있습니다.

오주	지장간	
갑오	갑정	을정
병자	병임	
신묘	신을	
기유	기신	기경
□□	□□	

일간기토의 재성은 수기이며 사주 내 병신합수가 강하게 자리 잡고 있습니다. 일지유금 속 신금일 경우 합수를 받쳐 주며 경금일 경우 을경합금되어 좀 더 강하게 보호합니다.

오주	지장간	
병신	병임	
계사	**계무**	
갑인	갑갑	
신해	신임	
□□	□□	

일간신금의 재성은 목기이며 2갑목이 월주에 자리 잡고 있으며 일지임수가 보호하고 있습니다. 또한, 2임수들은 세운 등과 합목되면 재성이 됩니다. 이외 인해합목도 재성이 될 수 있습니다.

신금이 합수되면 화기가 재성이며 년주에 합화가 자리 잡고 있으며 2갑목이 받쳐 주고 있습니다.

사주 내에 재성이 없을 경우 대운이나 세운에서 재성을 만날 때 재운이 열릴 수 있는데 사주 내 자리 잡는 경우가 확률상 재운과의 인연이 더욱 커질 수 있습니다.

오주	지장간	
정유	정신	
병오	**병병**	
신묘	신갑	
병인	**병갑**	
□□	□□	

일간병화는 합수되며 합수가 하늘과 땅을 잇고 있어 그물망격입니다. 합수의 재성은 화기이며 2갑목이 보호하고 있어 매우 강한 운기입니다.

수기의 재성은 화기이며 병화의 재성들이 합수되어 비겁이 되었습니다. 재운은 동료들의 관계에서 발생될 수 있습니다. 또한, 재성 특간정화가 확고히 자리 잡고 있습니다.

오주	지장간		일간무토의 재성은 수기이며 년지임수
무술	무무	기무
갑자	갑임	
기사	기경	
무신	무경	
□□	□□	

일간무토의 재성은 수기이며 년지임수가 월간경금의 지원을 받고 있습니다. 무토가 합화되면 금기가 재성이며 2경금이 내재되며 합토의 보호를 받고 있습니다.

무토와 합토의 비겁격이며 준그물망격입니다.

위의 사례들은 주로 사주안에서 재운이 발달된 경우를 분석하고 있습니다.

재운은 사주 안에서 발달되어 있으면 확률적으로 매우 유리합니다. 그러나, 대부분 사주 안에 발달되는 경우는 많지 않으며 대운이나 세운 등에서 인연되었을 때 재운이 발복됩니다.

대운이나 세운에서 재성이 온다고 무조건 재운이 늘어나는 것이 아니고 소통세가 좋아야 합니다. 대운이나 세운에서 재성이 와도 소통되지 않고 충극되면 오히려 재산 손실로 이어질 수도 있습니다.

세상에는 거대 기업 부호분들이 많습니다. 그런데, 위의 격국 유형 사례들로 모두 논할 수는 없으며 논하기 어려운 경우도 적지 않습니다. 예로, 당사자분만의 사주만으로 거대 부를 얻은 유형도 있을 수 있으나 사실 배우자분이나 동업자분들과의 사주적 시너지 작용에 거대 부가 발복되는 경우가 더 많습니다. 이러한 경우 시너지 작용을 일으키는 분들의 사주를 알 수 없기에 수록하지 못하며 시주에서 갑자기 역생되어 발복되는 경우도 계시는데 이러한 경우도 수록하지 못합니다.

세상은 주로 자본주의 사회이기 때문에 재성이 십성 중 가장 관심도가 높을 수 있습니다. 그런데, 재물은 마음처럼 쉽게 자신의 것으로 만들기 어렵습니다. 이에 천지오륜장을 공부하신다면 재운이 강조되었을 때 사업이나 투자를 늘리며 재운이 불편할 때는 최대한 신중하며 현금확보하는 것이 대응책의 하나일 수 있습니다.

또한, 부모님으로부터 물려받은 것이 없다고 불평하시기보다는 자신의 사주적 특성을 찾아내시어 발전시키는 것이 더 현명한 듯합니다. 거대 기업을 일으키신 창조주의 대부분은 부모님으로부터 물려받은 재산은 거의 없으시고 무에서 유를 창조하신 분들이 대부분이십니다.

국내건 국외건 대부분 그러합니다.

5. 관성

관성은 정관과 편관으로 나뉩니다. 정관은 규칙성 직장생활을 뜻하며 편관은 불규칙성 직장생활을 뜻합니다. 정관은 월급처럼 안정되지만 소득은 제한적이며 편관은 투기성처럼 불안정하지만 간혹 큰 소득을 얻어 내기도 합니다.

관성의 가장 중요한 관점은 직장운과 사고칠살의 구분입니다. 관성은 자신을 극하는 운기입니다. 그래서, 지나치게 강하면 다치게 되며 이를 칠살사고라 할 수 있습니다. 그러면, 어떤 관성이 다치지 않고 직장운이 좋은 것일까요?

관성운은 강하다와 좋다라는 2가지 의미로 나뉠 수 있습니다.

먼저, 강하다는 의미로 설명해보면 사주 내에 관성이 많을수록 강합니다. 또한, 일간의 합변화 전후 모두 관성이 내재되면 관성운은 강하게 됩니다. 다음으로는 일간과 접촉되는 등 가까울수록 강합니다.

좋다라는 의미로는 제일 먼저 관성이 일간을 극하지 않아야 합니다. 그러기 위해서는 적당한 거리감이 있던가 아니면 접촉되어 있으되 인성이 같이 배치되어 반드시 역생소통시켜 주어야 합니다. 또한, 관성을 보호하는 재성이 관성과 접촉되어 있으면 관운이 지속됩니다. 일간 주변에 있는 인성은 일간의 합변화 전후 모두 배치되어야 좋습니다. 관성이 일지에 있으면 관운을 깔고 앉아있다고 표현하며 긍정으로 여깁니다.

관성 등 십성의 영향력은 일간 주변에 가까울수록 강한 운기가 형성되며 관성 만큼은 멀리 떨어져 있는 것도 무난할 수 있습니다. 사주 내에 없는 것보다는 멀리 떨어져 있으면서 배치되는 것이 좋습니다. 어차피, 세운 등에서 주기적으로 관성이 오기 때문입니다.

종합해 보면 관성은 직장운과 인연이며 사주 내 많을수록 강하나 너무 많으면 사고칠살이 되니 적당함이 좋습니다. 또한, 사주 내에 관성이 전혀 없는 것보다는 적게 있으되 일간에서 떨어져 있는 것이 좋습니다. 만약, 관성이 일간과 접촉되어 있다면 역생소통체 인성이 사이에 배치되는 것이 좋습니다. 특히, 합변화에 의해서도 충극이 적고 소통률이 높은 구조가 좋습니다.

또한, 일간의 합변화 전후 모두 관성이 내재되면 관성운은 매우 강하게 되나 관성만큼은 많은 것이 꼭 좋다고 볼 수 없습니다. 특히, 세운이나 대운에서도 관성이 또 오기에 더욱 그렇습니다.

만약, 명문 대학 졸업자나 고시 등의 합격자분들이 관성이 강하게 자리 잡았다면 이분들만큼은 대부분 긍정의 관성과 인연될 수 있으나 학력의 끈이 짧은 상태에서의 관성의 강함은 매우 고될 수 있음이 현실적 분석이라 할 수 있습니다. 이 논지는 역으로 접근하여 여러분들의 사주가 또는 자녀분들의 사주가 관성으로 둘러싸여 있다면 인생의 진행에 있어서 공부를 많이 시켜 고위직으로 진출하게 함이 하나의 해결방안이라 할 수도 있습니다. 두뇌가 공부와 인연이 적다면 다치지 않는 영역으로의 인연 노력이 좋을 듯합니다.

또한, 사주 내 관성이 발달되어 있으면 세운이나 대운에서 관성이 또 오는 것보다는 사주와 합이 되거나 소통세가 넓어지거나 부족오행이 보완되는 것이 좋습니다. 세운 등과 합이 되면 운기가 강조되는데 합이 된 후에 소통되면 매우 좋고 합이 된 후에 충극이 되면 오히려 불편해집니다.

역마관성: 역마관성은 일간이 관성과 접촉되었을 때를 말하며 특이 현상으로 역마살같은 현상이 나타납니다. 특히, 일간의 합변화 전후 모두 내재되면 강한 역마관성이 됩니다. 역마관성의 강함이 반드시 좋은 것은 아닙니다.

역마관성은 역마살이 적용된 관성으로 한 곳에 지속되지 못하고 여러 곳을 떠돌아 다닐 수도 있습니다. 대표적으로 외교관, 영업 사원, 우체국 집배원, 택배인, 격렬한 운동선수 등등. 특이 사항으로 고시 등을 합격한 공직인이 총국의 소통세와 더불어 긍정되면 향후 다양한 부처별 고위직을 순차 등용될 수도 있고 퇴직 후 국회 등 지속된 일자리와 인연되기도 합니다.

만약, 사주 내에 관성이 적게 있어도 세운이나 대운에서 관운이 올 때 그러면서 소통세가 무난할 때 해당 기간 관운이 열릴 수 있습니다. 사주 내에 관성이 너무 많으면 세운이나 대운에서 관성이 또 올 때 삶이 매우 고달플 수도 있습니다. 관성이 많이 인연될수록 일복은 깊어지며 삶이 지나치게 바쁘고 힘들게 될 수 있습니다.

직종마다 최고의 위치는 식상을 요구합니다. 관성은 힘든 상황에도 묵묵히 잘 따라 주는 직원으로서의 운기이나 식상은 스스로 책임자, 주도자가 되어 창조성을 발휘해야 합니다. 운기가 관성과 식상이 다릅니다. 그래서, 좋은 사주는 오성 중 한 가지로만 편중되지 않습니다. 관성도 적절히 발달되면서 고위직 등용 시기 식상이 대운이나 세운의 특주에서 찾아오던가 아니면 사주 내에 미리 관성과 더불어 식상도 자리 잡고 있다가 소통세가 강조되던가 하는 방식이 고위직 등용분들에 적지 않습니다.

영역별 최고의 고위직에 오르시면서 퇴직하기까지 무탈하시다면 이분들은 관성의 대표명사가 될 수도 있습니다. 이분들의 특징을 살펴보면 사주 내에 관성이 강하게 자리 잡는데 관성의 보호 요소가 있으며 관성이 일간을 극하지 않습니다. 그리고, 최고의 위치에 도달할 시기에는 식상이 요구되는데 식상은 사주에 내재되기도 하나 적절한 시기 세운 등에서 나타나기도 합니다. 직장생활에서의 성과는 그 사람의 능력을 평가할 수 있기에 얻어 내는 운기인 재성도 중요합니다. 또한, 인정받아야 상부로 승진할 수 있기에 인성도 중요합니다. 심지어, 직장생활은 동료들과의 관계도 필수이기에 비겁도 중요합니다. 결국 음양오성 모두 중요한데 관성 하나만의 편중보다는 골고루 배치되며 서로 충극되지 않고 소통됨이 좋습니다.

그런데, 현실적으로 음양오성 모두 골고루 배치됨은 쉽지 않습니다. 이에 관성을 중심으로 식상-재성-인성-비겁의 어떤 요소가 대운과 세운의 어떤 시기에 인연되느냐에 따라 인기직에 등용되신 분들의 특성은 매우 다양한 듯합니다.

비겁격도 관성인 직장운이 좋을 수 있습니다. 비겁격은 선거와 관련되어 당선되는 분들과도 인연이 많습니다. 원리가 자기 편인 비겁이 많으면 선거에 유리하며 자신을 극하는 관성에 버팀력이 높으니 관운도 긍정되는 듯합니다. 즉, 관성에서 논하는 분들 이외에 비겁격도 세운이나 대운에서 관성이 다가오면 관운이 긍정되는 경우가 적지 않을 수 있습니다. 차이점은 관성이 발달되신 분들은 승진 관련 공직이나 기업의 인연율이 높으나 비겁이 발달되신 분들은 선거 등 투표관련하여 당선되는 방식이 특징입니다. 모두 직장이니 관운으로 바라보는 관점도 좋을 수 있습니다.

현실분석

저학력자는 관운이 발달되면 직장운이 좋으나 학력 제한처의 직종에는 지원할 수 없습니다. 전반적으로 두뇌의 영역보다는 노동의 영역이 많을 수 있습니다. 또한, 관운이 발달되었다는 것은 일복이 많다는 점이며 이는 노동의 일이 매우 고되면서 심지어 위험할 수도 있다는 뜻입니다. 종합해 보면 관운이 발달되었는데 학력의 끈이 길면 그나마 고위직으로의 기회가 있어 보상적 삶이 가능하지만, 학력의 끈이 짧다면 일복이 많아 노동집약적이거나 고위험군에 인연될 수 있으니 이에 평상시에 조심하고 대비해야 할 관점 보유가 중요합니다.

오주	지장간	
정유	정경	
신축	신기	
을미	을을	
경술	경무	
□□	□□	

일간경금은 을목들과 순차합금되며 화기가 관성입니다. 멀리 특간정화가 내재되며 관성이 많지는 않습니다. 반면, 가까운 일지무토가 주기적으로 합화되니 관성을 깔고 앉아 있는 형국입니다.

관성인 화기가 올 때 년지기토가 합금을 보호해 주고 있으며 일주무토도 합화 전에는 일간을 보호해 주고 있습니다.

오주	지장간	
병신	병경	
갑오	갑정	을정
정축	정기	
을유	을신	
□□	□□	

일간을목의 관성은 금기이며 일지유금을 깔고 있으며 상부 경금이 내재됩니다. 그리고 합토가 관성을 보호하고 있습니다. 을목이 합금되면 관성은 화기이며 2정화가 있으며 합토를 거쳐 소통됩니다.

합변화 전후 모두 관성이 발달되어 있으며 일간이 관성에 불편하지 않습니다.

오주	지장간	
병신	병무	
임진	임을	임계
을사	을무	
신해	신임	
□□	□□	

일간신금의 관성은 화기이며 특간병화와 다가오는 년주와의 계무합화가 내재됩니다. 또한, 병화와 합화는 을목들이 보호하고 있습니다. 일간신금이 합수되면 관성은 토기이며 특지무토가 내재됩니다.

합변화 전후 관성이 모두 사주 내에 내재되면서 보호받고 있으며 일간은 극 받지 않으니 무난한 관운이라 할 수 있습니다.

오주	지장간	
갑오	갑정	
갑술	갑무	
신미	신기	
병신	병경	
□□	□□	

일간병화는 월간신금과 만나 합수를 유지하며 관성은 토기가 됩니다. 사주 내 갑기합토와 무토가 내재되며 일지경금이 합토극 합수를 어느 정도 역생소통시켜 줍니다.

오주	지장간	
을미	을기	
정해	정갑	
병오	병기	
임신	임경	
□□	□□	

일간임수의 관성은 토기이며 상부 합3토가 내재되며 병정화가 관성 토기를 보호하고 있습니다. 또한, 일간임수는 일지경금을 통해 토기들과 소통되고 있습니다.

임수가 합목되면 관성은 금기이며 일지경금을 깔고 있으며 합목생 병화생 합토생 경금으로 소통됩니다.

오주	지장간	
병신	병경	
기해	기임	
갑술	갑신	
정묘	정을	
□□	□□	

일간정화의 관성은 수기이며 년지임수가 있으며 경신금이 보호하고 있습니다. 또한, 월지신금도 주기적으로 합수되면 을목과 소통됩니다.

정화가 합목되면 금기가 관성이며 경신금이 내재되며 합토가 보호합니다. 일지을목이 합금되어도 관성이 됩니다.
평상시 월지신금이 일지을목을 극하고 있음이 단점인데 월지신금은 년지임수를 향하므로 일지을목의 버팀력은 내재됩니다.

오주	지장간	
을미	을기	
임오	임병	
임인	임무	
신묘	신을	
□□	□□	

일간신금의 관성은 화기이며 년지병화가 내재되며 을목이 생해 주고 있습니다. 월지무토가 주기적으로 합화되어도 관성이 됩니다. 신금이 합수되면 토기가 관성이며 기무토가 있으며 병화가 생해 주고 있습니다.

다음은 대운을 적용한 것이며 본격적으로 운세감명 분석을 위한 기본 도표입니다. 아직 기초 단계이기에 자세히 논할 수는 없으나 사회 구조상 제일 많은 비율이 일자리 관성이기에 특별히 수록하였습니다.

을미1937~1948.병신1949~1960.정유1961~1972.무술1973~1984.
기해1985~1996.경자1997~2008.신축2009~2020.임인2021~2032.

나이	대운	오주	지장간		
03~12	신축	갑오	갑정	을정	일간갑목은 2경금과 접촉되어 역마관성이 형성되고 계수에 의해 역생되고 있습니다.
13~22	임인	병자	병계		
23~32	계묘	경자	경계		
33~42	갑진	갑신	갑경	기무임경	
43~52	을사	□□	□□		
53~62	병오	일간갑목이 합토되면 목기가 관성이며 특주에 갑을목이 인연됩니다.			
63~72	**정미**				
73~82	**무신**				
83~92	기유				

일간갑목

비겁-갑목, 식상-병정화, 재성(토기), 관성-경금, 인성-계수

갑기합토

비겁(토기), 식상-경금, 재성-계수, 관성-갑목, 인성-병정화

사주 내 토기가 부족하나 일간갑목이 주기적으로 합토되니 많이 부족하지는 않습니다. 오성이 균형적입니다.

| 을미1937~1948.병신1949~1960.정유1961~1972.무술1973~1984. |||||
| 기해1985~1996.경자1997~2008.신축2009~2020.임인2021~2032. |||||

나이	대운	오주	지장간		
05~14	을사	을미	을기		일간임수의 관성은 토기이
15~24	갑진	정해	정갑		며 접촉된 합토가 경금을 거
25~34	계묘	병오	병기		쳐 소통됩니다.
35~44	임인	임신	임경	기무임경	
45~54	신축	□□	□□		
55~64	경자	임수가 합목되면 관성은 금기이며 일지경금을 깔고 앉			
65~74	기해	게 됩니다. 합변화 전후 모두 역마관성입니다.			
75~84	무술			
85~94	정유			

일간임수

비겁(수기), 식상-을목, 재성-병정화, 관성-합토, 인성-경금

임정합목

비겁-을목, 식상-병정화, 재성-합토, 관성-경금, 인성(수기)

사주 내 수기가 부족하나 일간임수가 수기이며 월간병화도 주기적으로 합수 되니 수기가 많이 부족하지는 않습니다. 오성은 균형적입니다.

을미1937~1948.병신1949~1960.정유1961~1972.무술1973~1984. 기해1985~1996.경자1997~2008.신축2009~2020.임인2021~2032.					
나이	대운	오주	지장간		합수의 관성은 합토무토이
05~14	정해	병신	병기		며 년간경금과 소통되고 있
15~24	무자	경인	경갑		습니다. 일지을목도 주기적
25~34	기축	병술	병무		으로 합금이 됩니다.
35~44	경인	신묘	신을	갑을	
45~54	**신묘**	□□	□□		
55~64	임진	년간경금 및 일지을목의 주기적 합금에 의해 합수와 관 성 토기는 역생소통됩니다.			
65~74	계사				
75~84	갑오				
85~94	을미				

병신합수

비겁(수기), 식상–을목, 재성–병화, 관성–합토무토, 인성–경금, 합금

병신합수 2요소가 수기이기에 수기가 부족하지 않으며 오성이 균형적으로 배치되었습니다.

토생 금생 합수로 전반적으로 소통세가 무난합니다. 또한, 사주 내 관성이 발달되어 세운이나 대운 등에서 관성이 또 오기보다는 사주와 합이 되거나 소통세가 넓어지거나 부족오행이 보완되는 것이 좋습니다. 세운 등과 합이 되면 운기가 강조되는데 합이 된 후에 소통되면 매우 좋고 충극이 되면 오히려 불편해집니다.

세운 신축특주에서 사주 특간 병화와 합수가 되어 운기가 강조되며 소통세도

무난합니다. 겹치는 신묘대운에서 신금은 사주 특간병화 및 병신합수와 합수가 강조되며 묘목속 갑목은 합토와 강조되며 을목은 경금과 합금됩니다. 그리고, 모두 소통세가 무난합니다.

을미1937~1948.병신1949~1960.정유1961~1972.무술1973~1984. 기해1985~1996.경자1997~2008.신축2009~2020.임인2021~2032.					
나이	대운	오주	지장간		일간계수의 관성은 토기이며 상부 3기토가 있으며 합금에 의해 소통되는 역마관성입니다.
02~11	기미	을미	을기		
12~21	무오	계미	계기		
22~31	정사	경신	경기		
32~41	병진	계묘	계을	갑을	
42~51	을묘	□□	□□		
52~61	갑인	합화되면 기토를 거쳐 소통되며 수기가 관성이며 년간계수가 있습니다.				
62~71	계축				
72~81	임자				
82~91	신해				

일간계수

비겁-계수, 식상-을목, 재성(합화), 관성-기토, 인성-합금

계무합화

비겁(합화), 식상-기토, 재성-합금, 관성-계수, 인성-을목

화기가 부족하나 일간계수가 주기적으로 합화되니 많이 부족하지는 않으며 오성이 균형적입니다.

세운 경자특주에서 사주와 합금되며 소통세도 무난합니다. 또한, 신축특주의 신금이 사주을목을 극함에도 년간계수가 있어서 역생률이 내재됩니다.

대운에서 갑을목이 오면 사주와 합토와 합금이 강조되면서 소통세도 좋으니 긍정됩니다.

을미1937~1948.병신1949~1960.정유1961~1972.무술1973~1984. 기해1985~1996.경자1997~2008.신축2009~2020.임인2021~2032.					
나이	대운	오주	지장간		일간계수는 관성인 합토와 접촉되며 신금이나 일지을목의 주기적 합금에 의해 소통됩니다.
03~12	임신	병신	병경		
13~22	계유	갑오	갑기		
23~32	갑술	신미	신기		
33~42	을해	계묘	계을	갑을	
43~52	병자	□□	□□		
53~62	**정축**	계수가 합화되면 수기가 관성인데 월간신금이 합수될 수 있고 일지을목에 의해 역생됩니다.			
63~72	무인				
73~82	기묘				
83~92	경진				

일간계수

비겁(수기), 식상-묘목, 재성-병화, 관성-합토, 인성-경신금

계무합화

비겁-병화, 식상-합토, 재성-경신금, 관성(수기), 인성-묘목

수기는 일간계수와 월간신금의 주기적 합수에 의해 부족하지 않으며 오성이

균일합니다.

일간계수일 때는 관성이 강하지만 일간계수가 합화될 때는 관성은 약한 편입니다. 그러나, 대운, 세운에서 관성이 추가로 다가오면 종합적으로는 강한 관성운이라 할 수 있습니다. 세운 신축특주에서 사주 특간병화와 합수되며 운기가 강조되며 소통세도 무난합니다. 해자축 수국 대운에서 관성이 강화될수 있고 인생의 활동기입니다.

을미1937~1948.병신1949~1960.정유1961~1972.무술1973~1984. 기해1985~1996.경자1997~2008.신축2009~2020.임인2021~2032.					
나이	대운	오주	지장간		
03~12	갑신	병신	병경		합화의 관성은 수기이며 년
13~22	을유	경자	경계		지계수와 접촉되며 역마관
23~32	병술	계미	계기		성입니다.
33~42	정해	무오	무정	병기정	
43~52	무자	□□	□□		
53~62	기축	일지정화가 합목되면 합화를 지원하며 소통세가 무난			
63~72	경인	합니다.			
73~82	신묘				
83~92	임진				

계무합화

비겁-병정화, 식상-기토, 재성-경금, 관성-계수, 인성(목기)

목기도 일지정화가 주기적으로 합목되니 부족한 편은 아니며 오성이 균형적입니다.

세운 신축특주에서는 사주특간병화와 합수되면서 경금생되니 긍정됩니다. 또한, 기축대운에서는 경금에 설기되는 년지기토를 보강시켜 주니 긍정률이 높아집니다.

세운 등에서 수기가 오면 합화의 관성으로 관운은 강조되나 목기가 없으면 합화는 수극화되어 불편할 수 있습니다. 다행히, 일지정화가 주기적으로 합목되며 한국은 목국으로 수극화에 있어서 타국에 비해 약간은 버팀력이 내재되는 듯합니다.

을미1937~1948.병신1949~1960.정유1961~1972.무술1973~1984.기해1985~1996.경자1997~2008.신축2009~2020.임인2021~2032.					
나이	대운	오주	지장간		일간을 포함한 갑기합4토는 거의 그물망격입니다.
02~11	무진	병신	병경		
12~21	정묘	기해	기갑		
22~31	병인	기사	기무	기경	
32~41	을축	갑오	갑정	병기정	
42~51	갑자	□□	□□		
52~61	**계해**	일지 정화가 주기적으로 합목되면 관성을 깔고 앉은 형국이 됩니다.			
62~71	임술				
72~81	신유				
82~91	경신				

갑기합토

비겁-합토무토, 식상-경금, 재성(수기), 관성(합목), 인성-병정화

재성인 수기가 가장 부족합니다. 대운이나 세운에서 재성인 수기와 해자축

수국구간 인연되면 성과율이 높을 수 있습니다.

대운 갑자-계해구간 수국이 인연되며 갑임-계임의 임수가 사주일지정화와 합목되면 관성이 지속적으로 작용됩니다. 겹치는 세운 신축특주에서는 사주와 합수되면서 소통세도 무난합니다. 대비점으로 대운 임술대운에서는 임수가 사주일지정화와 합목되는데 이때는 일간갑목 연결체의 합토들을 불편하게 할 수 있습니다. 이때는 화기가 역생요소가 되며 토기가 4요소로 극하는 합목 2요소보다 많아 버팀력은 내재됩니다.

사주 내 기토 기운이 강대하면 기업의 기상과도 인연되는 것은 아닌지 상상해 봅니다.

6. 식상

식상의 주요 특성은 주체성으로 추진하려는 운기입니다. 적극성 추진 운기인데 이런 운기 하나만의 영역은 많지 않습니다. 대부분들은 음양오성이 복합적으로 나오는데 기업의 경영자분들은 재성을 중심으로 식상이 함께 발달되는 경우가 많으며 공직 등 관직의 경우 관성을 중심으로 최종 고위직 등용시 식상이 함께 동행되는 경우가 많습니다.

식상이 일간 주변에 가까이 있으면 좀 더 적극성이 강해져 바로바로 창조적 작품을 만들어 내는 요리사 등에서도 나올 수 있으며 발명을 체질적으로 하는 발명가 또는 활동력이 많은 연구원 등에서도 인성을 중심으로 식상이 함께하는 경우가 적지 않습니다. 때로는 격렬한 운동에서도 종종 나오는데 격렬한 운동은 충극운기를 중심으로 식상이 인연되는 경우가 적지 않습니다. 또는, 대부분 하기 힘든 일을 스스로 찾아가는 분들에게서도 자주 나오는데 등산, 암벽, 산악의 분들에게도 자주 나오는 편입니다.

종합해 보면 식상 하나만의 예는 찾기 어렵고 다른 요소를 중심으로 함께하는 경우가 많은 특징운기입니다.

그래서, 위의 관성, 재성 등 다양한 오성의 사례들을 식상의 관점으로 재분석하심이 현명할 듯합니다.

식상하면 많은 분들이 요리사를 예로 들으시는데 분명 요리사분들이 식상이 발달되었기는 하나 국내 인명사전에 등록된 분들은 대부분 사업, 방송, 연예, 유명세와 관련되어 순수한 식상을 찾기는 쉽지 않습니다. 유럽 등 순수 요리 클럽의 분들에게서는 순수 요리만 하는 분들의 경우 식상 위주로 발달된 분들이 적지 않게 발견되기도 합니다.

식상의 큰 특징은 관성과 비교 유추해야 될 듯합니다. 관성은 주어진 임무에 충실한 것인데 식상은 스스로 찾아내어 활동하는 운기입니다. 충실성의 관점에서는 관성이 중요하나 주체성의 관점에서는 식상이 중요합니다. 그런데, 이와 같은 관념적 표현 속 내면에 있어서는. 남 밑에서 일하지 못하는 성격이 식상이 지나치게 과대한 경우고 스스로 책임적 추진이 부족한 분들이 관성이 지나치게 과대한 분들입니다. 세상은 다 같이 더불어 살아가는 세상인데 식상만이 과대하면 조직성에 불편함이 발생될 수도 있고 관성만이 과대하면 다양한 변수에도 대응하지 못하는 불편함이 발생될 수도 있습니다.

식상만을 위한 사례는 수록하지 않았으며 식상 이외의 비겁, 재성, 관성, 인성을 중심으로 식상을 찾아 보시면 새로운 관점이 열릴 수 있습니다. 비겁, 재성, 관성, 인성 모두 인명사전에 등록되신 분들을 수록하였기에 검증된 사례이며 부자들에게서는 식상이 어떻게 자리 잡고 고위직에 있어서는 식상이 어떻게 자리 잡는지 재분석하심이 필요합니다.

"추진식상" 이란 식상이 일간과 접촉된 것이며 일간의 합변화 전 후 모두 적용되면 강력한 추진식상이 됩니다. 물론, 추진식상이 너무 강하면 주변과의 관계가 힘들어 지거나 자신만의 삶만 지향하여 주변을 소홀히 할 수 있으니 적절함이 좋습니다.

7. 인성

인성은 자신을 생해 주는 요소로 정인과 편인으로 나눕니다. 정인은 균일하게 생해 주며 편인은 일방적으로 생해 주는 경향이 있습니다. 모두 생해 주는 요소라 매우 귀한 운기입니다. 물론, 지나치면 부족한 것보다 못할 수 있습니다.

관성은 자신을 극하는 요소인데 일간을 극하지 않으면서 발달되면 직장운이 매우 발달됩니다. 그런데, 관성이 지나치게 많고 일간을 극하게 되면 관성이 아닌 칠살이 되어 사고를 당하거나 불편한 일이 생겨납니다. 그런데, 일간 주변에 인성이 있으면 관성을 역생시켜 주니 인성이 매우 귀한 요소임은 분명합니다.

자신을 생해 준다는 것은 인정해 준다는 것을 의미할 수도 있습니다. 인정해 주니 대가 없이 생해 주는 것입니다. 그러면, 인정을 받는 곳은 주로 어떠한 영역일까 생각해 봅니다.

대표적으로 종교가 해당될 수 있습니다. 수많은 신도들의 헌금을 받으며 존경과 신뢰가 두텁습니다. 그래서, 종교 지도자분들의 사주에 인성이 강조되는 분들이 적지 않은 편입니다. 특히, 신도들이 많이 따르는 분들에게서 인성이 좀 더 많으며 을병정-신임계-갑무경 삼귀도 자주 나오곤 합니다. 특히, 인기를 얻어 내는 운기는 을병정 삼귀가 강합니다.

다음으로는 연구원들에게서도 종종 발견되기도 합니다. 연구란 아직 결과가 완성되지 않았는데 재원적 지원을 받아 분석하는 것으로 믿음, 신뢰를 받아야 가능한 현실입니다. 세상에 누가 결과가 없는 데도 큰 재원을 지원할까요? 그만큼 믿음, 인정을 한다는 것이며 역시 인성이 강조됩니다. 즉, 연구하는 자체는 식상의 운기이나 연구할 수 있는 환경은 인성과 인연입니다.

또는 재단의 인연체분들에게서도 종종 발견되기도 합니다. 재단은 돈을 다루는 곳으로 신뢰가 높아야 인연되며 등용 전 신원 조회 등 많은 조사도 이루어지는 듯합니다.

인성은 연구할 수 있는 환경과 인연이 많은데 대학 교수님들에게서도 종종 강조되기도 합니다. 대학 교수님들은 인성 이외에 관성도 강조되는 경우가 많습니다. 이외에도 많을 수 있는데 종합해 보면 믿음, 인정, 신뢰 및 연구하고 밀접하신 분들은 인성이 발달되는 경우가 적지 않습니다.

연구 관련 노벨과학상이나 인정 관련 노벨평화상을 수상하신 분들도 인성이 발달되어 있을까 찾아 보면 실제, 많은 분들이 인성이 발달되어 있으며 노벨과학상을 수상하신 분들은 식상이나 재성도 함께 인연되고 있습니다.

1인 수상인 노벨평화상 수상자분들은 인성을 중심으로 균형적인 경우가 많습니다. 반면, 팀별 수상의 노벨과학상 수상자 분들은 인성을 중심으로 재성, 식상 등이 적절히 배치되고 있으며 혼자만의 사주가 아닌 팀으로의 사주적 보완이 중요 원리가 될 수 있습니다.

누구나 사주상 위기는 다가옵니다. 단지, 그 위기가 분할되어 오는 것이냐 집중되어 오는 것이냐 다를 수 있고 저마다의 처한 환경에 따라 극복률이 높으냐 낮으냐의 차이가 있을 뿐입니다.

그런데, 역술을 공부하여 위기의 시기를 예측한다고 해도 과연 어떻게 해야 극복할 수 있느냐가 과제로 남는데 노벨과학상 수상자분들은 주로 팀으로 연구하며 사주를 분석해 보면 서로 간의 사주적 단점을 보완하는 경우가 많습니다. 이러한 원리가 만약 사실로 입증된다면 세상은 많은 어려운 곳들을 보완시킬 수도 있고 역생시킬 수도 있는데 무엇보다 세상의 수많은 충극 사주 분들에 조금이라도 도움이 되지 않을까 생각됩니다.

관성에 있어서 일간과 접촉되어 있으면 역마살처럼 분주한 삶과 인연되는 역마관성이 됩니다. 인성도 일간과 접촉되어 있으면 인성의 힘이 강해지는데 주변에서 헌신적으로 인정해주는 강력함에 "공양인성" 으로 표현합니다. 일간의 합변화에도 모두 내재되면 강력한 공양인성이 됩니다.

오주	지장간	
갑오	갑기	
신미	신기	
기해	기임	
을유	을신	경신
□□	□□	

일간을목의 인성은 수기이며 월지임수와 접촉되어 있습니다. 을목이 합금되면 토기가 인성이며 3 기토합토가 내재되며 월간기토와 접촉되어 있습니다.

오주	지장간	
임진	임무	
경술	경무	
갑신	갑경	
계해	계임	무갑임
□□	□□	

일간계수의 인성은 월지경금과 접촉되어 있고 년간경금도 있습니다. 계수가 합화되면 월간갑목이 인성이며 접촉되어 있습니다. 일지임수도 주기적으로 합목됩니다.

오주	지장간	
을미	을을	을정
경진	경계	경무
임오	임정	
임인	임갑	무병갑
□□	□□	

일간임수의 인성은 금기이며 상부 합금이 있고 임수가 합목되었을 때 인성은 수기이며 대기임수가 접촉되어 있습니다.

오주	지장간	
정유	정경	
신축	신기	
을미	을기	
기사	기병	무경병
□□	□□	

일간기토의 인성은 화기이며 3기토가 연결되었다고 할 때 일지병화와 접촉되어 있고 특간정화와도 만나고 있습니다.

오주	지장간	
병신	병경	
을미	을기	
무자	무임	
계묘	계을	갑을
□□	□□	

계무합화의 인성은 목기이며 일지을목이 접촉되어 있고 접촉된 월지임수도 주기적으로 합목됩니다.

오주	지장간	
을미	을정	
무인	무갑	
임술	임무	
갑오	갑정	병기정
□□	□□	

일간갑목의 인성은 수기이며 월간임수와 접촉되어 있습니다. 갑목이 합토되면 화기가 인성이며 일지정화와 접촉되며 특지정화와 무토들의 주기적 합화도 인연됩니다.

오주	지장간	
무술	무무	
기미	기정	
병인	병무	
을사	을병	무경병
□□	□□	

일간을목의 인성은 수기인데 사주 내에는 없으나 접촉된 2병화가 주기적으로 합수됩니다. 일간을목이 합금되면 인성은 토기인데 무기토들이 내재되며 월지무토는 접촉되었습니다.

오주	지장간		
병신	병임	병경	일간정화의 인성은 목기이며 2을목이 접촉되어 있습니다. 일간정화가 합목되면 수기가 인성이며 2계수와 임수가 내재되며 월지계수와 접촉되어 있습니다.
계사	계병	갑병	
을축	을계		
정묘	정을	갑을	
□□	□□		

오주	지장간		
병신	병경		일간경금의 인성은 토기이며 월간무토와 접촉되어 있으며 월지갑목도 주기적으로 합토됩니다.
을미	을정		
무인	무갑		
경오	경정	병기정	
□□	□□		

오주	지장간		
무술	무정	무신	일간기토의 인성은 화기이며 2병화 1정화가 내재되며 월간병화와는 접촉되어 있습니다. 또한, 무토들도 주기적으로 합화가 됩니다.
병진	병무		
병신	병무		
기해	기임	무갑임	
□□	□□		

위의 사례들은 인성이 강조되는 사례들입니다. 특징은 일간을 중심으로 인성이 접촉되어 있으며 일간의 합변화 전과 후에도 인성이 접촉되고 있거나 인성이 내재되는 경우가 많다는 점입니다.

연구의 영역은 인성과 식상이 중요합니다. 인성이 확고해야 연구비를 확보하여 오랫동안 연구할 수 있고 식상이 강해야 어려운 연구를 오랫동안 수행할 수 있습니다. 물론, 성과가 나올 시기에는 재성도 중요한데 기본적으로 연구에 있어서 필수적 환경 요소는 인성과 식상입니다.

또한, 연구는 주로 팀으로 진행되기에 팀원들의 협력심이 중요한데 다음의 사례들은 큰 성과를 얻으신 분들의 사례를 교육적 관점으로 재정립한 것이며 서로 간의 부족한 운기를 보완하는 경우가 매우 많습니다.

물론, 보완이 아닌 방해를 할 때도 있겠지만 전반적으로 보완 쪽의 비율이 월등히 많으며 서로 간에 합으로 연결됨과 결과적 소통세가 넓어짐이 중요 관점일 수 있습니다.

오주	A 지장간		오주	B 지장간		오주	C 지장간
을미	을기		을미	을기			
갑신	갑기		갑신	갑경			
병인	병갑		계유	계경			
무오	무정	병기정	무인	무갑	무병갑		

A: 일간무토의 인성은 병정화이며 식상은 B와의 관계에서 경금합금입니다. 무토가 합화되면 식상은 합토가 되며 인성은 일지정화의 합목화나 B의 일지 갑목이 됩니다. 특간을목이 기토들을 불편하게 하는데 B의 년지경금과 합금되어 을극기는 소멸하며 소통세가 늘어납니다.

B: 계무합화의 인성은 일지갑목이나 A의 일지정화의 합목화입니다. 합화의 식상은 합토이며 AB 모두 연결되었습니다. 일지갑목은 월지경금에 불편한데 A의 월간병화가 주기적으로 합수되니 이때는 역생률이 발생됩니다.

AB는 합화–합토–합금으로 연결되었으며 소통세도 좋습니다. 합금은 재성으로 성과와 인연됩니다.

오주	A 지장간		오주	B 지장간		오주	C 지장간	
을미	을기		을미	을기	병기			
신사	신병	임병	무자	무계				
신축	신기		기미	기기	경기			
경진	경무	을계무	갑자	갑계	임계			

A: 일간경금의 인성은 기무토이며 식상은 합수입니다. 특지기토가 특간을목에 불편한데 B의 합화에 의해 역생됩니다.

B: 합토의 인성은 화기이며 무계합화가 있습니다. 식상은 금기인데 A의 경금이 있습니다. 일지계수는 토극되어 합화가 쉽지 않은데 A의 경금에 의해 역생 가능합니다.

AB 모두 합토와 합화로 연결되어 있으며 서로의 단점을 보완하고 있습니다. A는 합수가 강조되고 B는 합화가 강조되는데 AB특주 을목들이 역생소통시켜 주며 소통력이 넓어지면 재성 및 다양한 요소들 모두 균형 있게 됩니다.

오주	A 지장간		오주	B 지장간		오주	C 지장간
병신	병무		갑오	갑정			
임진	임무		을해	을임			
무신	무경		을유	을경			
계묘	계을	갑을	신묘	신을	갑을		

A: 무계합화의 인성은 B와의 관계에서 성립되는 합목이 해당되며 식상은 무토가 해당됩니다. 합화가 년간임수에 불편할 수 있는데 B의 합목 및 대기을목들에 의해 역생률이 높아집니다.

B: 일간신금의 인성은 토기이며 사주 내에는 부족합니다. 식상은 수기이며 역시 부족합니다. 신금이 합수되면 인성은 합금이며 식상은 합목갑목이 해당됩니다. 일간신금은 A의 합화에 불편할 수 있는데 합화는 년지무토를 향하며 세운 등에서 주기적으로 토기가 오니 버팀력은 내재됩니다.

AB는 합금과 합목으로 연결되어 있으며 대기임수에 의해 금기와 목기가 연결소통됩니다.

이번의 사례는 완성도가 타 사례들에 비해 높지는 않습니다. 특히, B의 경우 일간신금일 때는 인성이나 식상이 제한적이며 합수가 되면 A의 합화를 불편하게 할 듯하나 A의 합화는 B와의 합목에 의해 역전의 용사격이 됩니다. 추정으로 시주에서 병화를 내재해 합수로 고정되는 것은 아닌지 생각해 봅니다. 만약, 합수로 고정되지 않는다 하더라도 시주의 주기는 짧기에 주기적으로 합수되니 긍정율은 내재된다고 할 수 있습니다.

오주	A 지장간		오주	B 지장간		오주	C 지장간	
갑오	갑정		을미	을정	을을	갑오	갑기	갑정
을해	을임	병임	경진	경계		임신	임경	
기축	기기		신사	신병		기유	기신	
무신	무경	기무	을해	을임	무갑임	계사	계병	무경병
		임경						

A: 일간무토의 인성은 화기이며 사주 내에는 부족합니다. C와의 관계에서 일간무토가 합화됩니다. 일간무토의 식상은 금기이며 일지경금이 있습니다. 상부 합목에 의해 월지기토가 불편할 수 있으나 C와의 만남에 일간무토가 합화되면 기토를 지원하니 역전의 용사격이 될 수 있습니다. 일간무토가 합화가 되면 식상은 기토이며 인성은 목기인데 거리가 멀지만 ABC 상부 합목들이 인연되며 B의 일지임수가 주기적으로 합목됩니다.

B: 일간을목의 인성은 합수임수입니다. 식상은 화기인데 특지정화가 있습니다. 을목이 합금되면 합수임수는 식상이 되며 토기가 인성인데 AB의 기토들이 생해 줍니다.

C: 일간계수의 인성은 금기인데 년지경금이 있고 식상은 합목이 있습니다. 계수가 합화되면 합목이 인성이 되며 기토합토가 식상이 됩니다. 일간이 계수일 때 월간기토에 불편한데 기토는 년지경금을 향하며 A를 만나면 A의 일지경금이 역생시켜 줍니다. 또한, A와의 합화에 있어서 합수들에 의해 불편할 수 있는데 ABC 모두 합목으로 연결되어 합수를 흡수하며 소통세가 무난합니다.

ABC는 합목-합수-합금으로 강하게 연결되어 있으며 이외에 부분적 합토와 합화로도 이어져 있습니다. 그리고, 서로 불편함이 적고 소통세는 넓습니다.

오주	A 지장간		오주	B 지장간		오주	C 지장간	
정유	정신		을미	을기		갑오	갑정	
병오	병병		신사	신병	임병	을해	을무	을갑
경인	경갑		신축	신계		경진	경무	
계축	계기	계신기	을축	을기	계신기	신미	신기	정을기

A: 일간계수의 인성은 경금입니다. 식상은 목기인데 사주 내에는 부족하며 B와의 관계에서 합목이 형성될 수 있습니다. 사주의 운기는 합토생 경금생 합수계수로 소통세가 무난합니다. 특간정화가 신금을 극하면 합수는 쉽지 않은데 B의 년지기토에 의해 가능하게 됩니다. 계수가 합화되면 합토는 식상이 되며 인성은 B와의 합목이 되며 합화생 합토생 경금생 합수 등으로 소통세가 무난합니다.

B: 을목의 인성은 합수계수입니다. 식상은 화기인데 월지계수가 합화되면 식상이 됩니다. C를 만나면 A와 B의 계수는 합화가 됩니다. 을목이 합금되면 일지기토가 인성이 되며 합수계수는 식상이 됩니다. 일지기토는 일간을 목에 불편할 수 있는데 월지계수가 C에 의해 합화되면 역생률이 높아집니다. 또한, 특지기토 역시 특간을목에 불편할 수 있는데 C의 년지무토와 합화될 때 역생률이 높아질 수 있습니다.

C: 일간신금의 인성은 무토기토이며 식상은 수기인데 사주 내에 수기는 없

으나 AB에 합수가 가득합니다. 일간신금이 합수되면 인성은 합금이며 식상은 목기인데 사주 내에 갑목이나 B와의 관계에서 합목이 형성될 수 있습니다.

ABC 모두 인성이 발달되었으며 식상도 적당합니다. 또한, 모두 합으로 연결되었으며 단점을 보충해주며 소통세는 넓어집니다.

오주	A 지장간		오주	B 지장간		오주	C 지장간	
을미	을기		병신	병기	병무	갑오	갑정	
계미	계을		신묘	신을		갑술	갑무	
무오	무기		정유	정경		계유	계신	
신해	신임	무갑임	정사	정병	무경병	을미	을기	정을기

A: 일간신금의 인성은 기토이며 식상은 임수입니다. 신금이 합수되면 인성은 금기인데 B와 연결되어 합금이 인연됩니다. 식상은 목기인데 B와 연결되어 합목이 인연됩니다.

B: 일간정화의 인성은 목기이며 A와 합목이 인연됩니다. 정화가 합목되면 인성은 수기이며 A, C와 합수가 인연됩니다. 화기가 식상인데 AC모두 합화가 인연됩니다.

C: 일간을목의 인성은 수기인데 B와 합수가 인연됩니다. 식상은 화기인데 합화가 내재되며 을목이 합금되면 인성은 토기이며 일지기토가 있습니다. 식상은 수기인데 B와 합수가 형성됩니다.

ABC 모두 연결되며 소통세가 무난한데 대비점으로 B의 정화가 A의 임수와 합목될 때 주변 합수에 정화가 불편해 합목이 실패할 수도 있습니다. 그런데, A-B-C 을경합금에 있어서 대기하는 을목이 많아 수기 조율 가능합니다.

4장. 길흉화복 그리고 충극 인생

대운-오주-세운 = 형충파해, 삼형, 삼귀 [지장간 미적용]				
합	형	충	파	해
자	묘	오	유	미
축	술	미	진	오
인	사	신	해	사
묘	자	유	오	진
진	진	술	축	묘
사	인신	해	신	인
오	오	지	묘	축
미	술	축	술	자
신	사	인	사	해
유	유	묘	자	술
술	축미	진	미	유
해	해	사	인	신

위에서 네모 칸은 합을 뜻합니다. 예로, 인목과 해수의 관계는 파이기도 하지만 합이기도 합니다. 또한, 사화와 신금의 관계는 형과 파이기도 하지만 합이기도 합니다.

형충파해[刑冲(沖)破害]는 모두 불리격입니다. 단지, 그 결과적 분류가 복잡미묘하여 쉽지 않습니다. 그러나, 한자의 의미대로 굳이 논하자면 형은 형벌로도 이어질 수 있는 이해 다툼 운기의 불리이며 충은 충돌 같은 운기의 불리이며 파는 깨지는 물거품 되는 운기의 불리이며 해는 질병, 해로움, 방해 운기의 불리입니다. 그러나, 다시 종합하여 말씀드리지만, 사람마다 처한 환경에 따라 결과가 달라질 뿐 종류는 알 수 없으며 불리한 현상이 공통점입니다.

위에서 충(沖, 沖)은 두 가지의 한자가 사용되고 있으며 저자마다 다르게 사용되는데 공통된 해석은 비다, 공허하다의 한자입니다. 그런데, 실제 운기는 비워지는 공허함보다는 충돌나다의 현상이 주로 나타나고 있습니다. 대표적으로 지지충에 있어서 묘유충의 경우 묘목과 유금이 충돌나는 것이지 공허하게 비워지는 것은 아니기 때문입니다(그런데, 아직 검증되지 않은 논리이지만 공허하다의 충의 한자를 표기한 이유는 충의 관계는 각도상 서로 마주 보는 180도이며 이에 삼각형을 형성시키기 어려워 비워지는 공허함을 뜻하는 것은 아닌가 추정해 봅니다. 다른 표현으로 서로 마주 보는 관계는 두 파장이 상쇄되어 없어지는 것은 아닐까 생각됩니다. 단지, 그 과정에 있어서 충돌적 운기가 작용될 듯합니다).

형충파해의 사용법 중 가장 많이 사용되는 방법은 일지가 대운의 일지와 형충파해가 형성되는지 살펴보는 것입니다. 세운에서도 살펴볼 수 있는데 일지와 만나는 긴 주기는 월지이며 같은 주기는 일지이며 짧은 주기는 시지입니다. 그래서, 세운과 형충파해가 인연되면 길면 한 달 정도만 잘 버티면 극복할 수 있습니다. 그런데, 대운은 10년 동안 고생해야 하기에 대운과의 관계가 매우 중요합니다.

두 번째 응용 방법은 자신의 일지와 다른 사람의 일지와 비교하는 것입니다. 이것은 궁합적 관계로 서로 형충파해가 되었을 때 서로 간에 불편한 운기가 형성될 수 있습니다. 때로는 서로간의 일지가 아닌 이외의 지지들을 비교할 수도 있으며 서로 불편한 운기가 형성될 수 있으나 강도나 양상이 조금 다릅니다.

세 번째 응용 방법은 자신의 일지뿐만 아니라 오주의 지지 모두를 대운이나 세운과 비교하는 것이며 형충파해가 인연되었을 경우 해당 영역과 형충파해가 인연될 수 있습니다. 예로, 시지와 대운 또는 세운과 형충파해가 형성되면 자식이나 자신의 신체 하부와 해당 기간에 불편한 운기가 인연될 수 있습니다. 또 다른 예로 월지에서 대운이나 세운과 형충파해가 형성되면 자신의 주변 영역 또는 자신 신체에 있어서는 가슴 주변 부위가 형충파해와 같은 현상이 발생될 수 있습니다.

물론, 일지가 아닌 다른 영역은 예로 년주는 사회운, 월주는 가족-친척-동료운, 시주는 자식운으로 해당 영역이 불편하게 되면 자신의 사주 때문에 괜히 엉뚱한 영역이 불편해지는 것은 아니냐 하실 수 있는데 역술의 이론은 실제 어느 정도 불편과의 인연이 닿을 수 있다고 표현할 수 있지만, 실제는 자신과 해당 영역과의 관계가 불편한 것이지 해당 영역이 불편한 것은 아닐 수 있습니다. 왜냐면 해당 영역의 사람들도 해당 사주가 있기 때문입니다. 좀 더 자세하게 말하면 많은 역술가분들이나 역술서에서 년주는 사회운, 월주는 가족-친척-동료운, 일주는 부부운, 시주는 자식운으로 고정하여 표현하는데 그 논리라면 해당 영역과 대운이나 세운에서 형충파해가 일어나면 해당영역이 잘못되는 것은 아닌가의 논지가 형성될 수 있습니다. 그래서, 이 점에 대한 저의 생각을 설명하는 것이며 저의 소견은 해당 영역과의 관계는 불편할 수 있으나 해당 영역도 그들만의 사주가 있기 때문에 해당 영역이 반드시 잘못되는 것은 아니라는 판단입니다.

또한, 형충파해가 인연되었다고 하여도 사람들 마다 처한 환경이 다르기에 불편한 종류가 모두 다르고 그 강도도 다릅니다. 특히, 자신의 사회적 위치에 따라 크게 달라질 수 있고 그 다음으로 그 사주인의 주변 인연체들과의 궁합이나 지역적 방위나 나라별 대표 오행에 따라서도 결과가 달라질 수 있습니다.

무엇보다 중요한 관점은 형충파해가 대부분 불리한 운세이지만 어떤 분들에게는 기회의 장이 될 수도 있다는 점입니다. 이 글에서는 자세히 설명하기 어렵고 입증하기 위해 프라이버시를 침해하며 누구라고 고유명사를 표현하기도 어렵습니다. 그러나, 고시를 합격하신 후 중요한 곳에 등용되신 분들은 형충파해가 온 후 고위직으로 이동하시는 경우가 적지 않으며 아무리 좋은 사주라 하더라도 평생 형충파해가 없을 수는 없습니다.

이 책을 출간하는 1순위 목적이 충극 사주분들도 잘살 수는 없는 것인가이며 그 대안이나 해결안은 무엇일까 다 같이 고민해 보자는 취지입니다. 사주격국이 소통세로 좋으면 대운 등에서 형충파해가 와도 극복률이 높을 수 있습니다. 또한, 사주격국이 소통세가 불리하고 충극 격국이면 평상시는 불편한 삶인데 불리하거나 조화롭지 않은 특수 격국이 오면 오히려 반전의 운기가 인연될 수도 있습니다. 그러나, 역시 전반적으로 소통 사주는 긍정률이 높고 충극 사주는 불편율이 높습니다. 그러나, 한 줄기 빛처럼 다행스러운 논지는 불편한 운기들을 극복하신 분들이 계신다는 점에 있습니다.

삼형	인사신	축술미

삼형 역시 불리격입니다. 그리고, 삼형은 인사신과 축술미 두 가지가 있으며 내면은 다르지만 역시나 사람마다 처한 환경에 따라 결과가 달라지는 것이지 인사신과 축술미의 결과가 반드시 다르다고는 할 수 없습니다. 공통점은 불리격이라는 점이며 차이점을 굳이 구분하자면 인사신은 서로의 이해관계에 따른 충돌이 많으며 축술미는 재능, 끼는 다재다능하지만 그 정도가 어떤 선을 넘을 수도 있어서 문제가 발생될 수 있다는 점이 약간 다릅니다.

삼귀	갑무경	신임계	을병정

삼귀는 긍정의 운기입니다. 갑무경은 불굴의 의지 대명사이며 존경과 인연되는 운기입니다. 신임계는 정치인이나 기업 CEO처럼 지도자와 인연의 운기입니다. 을병정은 수많은 대중의 인기와 인연인데 인기 많은 연예인, 환자가 줄을 서는 명의, 수많은 신도들이 따라다니는 종교 지도자분들에게서 자주 나오고 있습니다.

사주는 그러하다고 쳐도 그 분들의 성향은 어떠할까 알고 싶은데 그 분들을 찾아 다닐 경제적 여유가 없어서 아직 알아내지는 못하였습니다. 단지, 전반적인 추정으로 공통점은 긍정성이 높을 것이라는 점에 있습니다. 다르게 표현하자면 매사에 신경질을 부리거나 사사건건 따지지 않으면서 자신에게는 철저하며 상대방에게는 편한 마음을 배려함과 동시에 바른 방향을 반드시 제시하려는 성향이 공통점이지 않을까 판단합니다.

대운	오주	세운
	□□	
	□□	
경□	□□	
	갑□	
	□□	

일간이 갑목이며 대운의 천간이 경금이면 금극목으로 해당 기간 불편율이 높아집니다.

대운	오주	세운
	□□	
	□□	
□신	□□	
	□인	
	□□	

일지가 인목이며 대운 지지가 신금이면 인신충이 되며 해당 기간 불편율이 높아집니다.

대운	오주	세운
	□□	
	□□	
□신	□사	
	□인	
	□□	

일지가 인목이며 월지가 사화인데 대운에서 신금이 오면 인사신 삼형이 형성되어 불편한 일이 발생될 수 있습니다.

이외의 삼형 모두 유사합니다.

대운	오주	세운
	□□	
	□□	
□□	□□	□유
	□묘	
	□□	

일지가 묘목이며 세운 월지가 유금이면 묘유충이 되며 해당 기간 불편율이 높아집니다.

좀 더 세부적으로는 일지묘목이 을목이라 할 때 세운 유금은 지장간으로 경-신으로 구분되며 경금구간에서는 오히려 을경합금이 되어 긍정될 수도 있습니다.

대운	오주	세운
□자	□□	
	□□	
	□□	
	□오	□자
	□□	

일지가 오화이며 대운 지지가 자수이면서 세운 일지도 자수이면 양측에서 자오충이 형성되며 불편율이 높아집니다.

좀 더 세부적으로 일지오화가 정화이며 대운이나 세운 자수가 지장간으로 임수일 때는 정임합목이 형성되어 운기가 강화됩니다. 반면, 자수가 임수에서 계수로 넘어가면 계정충이 되어 운기가 불안정해집니다.

대운	오주	세운
갑□	□□	
	□□	
	무□	
	□□	
	□□	

월간무토는 대운 갑목에 충극되며 일주는 자신이지만 월주는 가족, 회사동료, 친인척에 해당되며 해당 영역과 관련되어 불편한 일이 발생될 수도 있으며 신체상 무토 관련 부위가 불편해질 수도 있습니다.

무토는 근육, 비만, 위장 등 큰 덩어리 부위와 인연이며 월주는 복부에서 가슴의 위치와도 인연입니다. 신체의 위치는 반드시 일치하지는 않습니다.

대운	오주	세운
□□	□□	□□
	□□	□□
	□□	□술
	□축	□미
	□□	□□

일지가 축토이며 세운에서 술토와 미토가 오고 서로 접촉되는 관계이면 미축충, 축술형에다가 축술미 삼형이 형성되며 해당 기간 불편한 일이 발생될 수 있습니다.

오주1		오주2	두 오주는 일간에서 임병충이 형성되며 오주 1
☐☐		☐☐	의 불편율이 커질 수 있습니다.
☐☐		☐☐	
☐☐		☐☐	
병☐		임☐	이외의 천간충 모두 유사합니다.
☐☐		☐☐	

오주1		오주2	두 오주는 일간에서 정임합목이 형성되며 이외
☐☐		☐☐	의 격국에서 특별히 충극이 발생되지 않는 한 서
☐☐		☐☐	로 궁합이 좋을 수 있습니다. 이외의 천간합 모
☐☐		☐☐	두 유사합니다.
정☐		임☐	
☐☐		☐☐	

그리고, 부부관계라면 서로 간에 합이 많고 강하게 형성될수록 자식이 많은 경향이 있습니다. 물론, 가정의 환경이나 여성의 건강이 우선되어야 합니다.

오주1		오주2	두 오주는 일지에서 인해 합목이 형성됩니다. 인
☐☐		☐☐	해는 파가 되기도 합니다.
☐☐		☐☐	
☐☐		☐☐	
☐인		☐해	육합이 형성되어도 서로 간의 관계가 긍정됩니다.
☐☐		☐☐	

오주1		오주2	두 오주는 일지-월지에서 육합 중 하나인 묘술
☐☐		☐☐	합화가 형성되며 이외의 격국에서 특별히 충극
☐☐		☐☐	이 발생되지 않는 한 서로 궁합이 좋을 수 있습
☐☐		☐술	니다.
☐묘		☐☐	
☐☐		☐☐	

오주1		오주2	두 오주는 서로 인사신 삼형이 형성되며 불편한
□□		□□	일이 발생될 수 있습니다.
□□		□□	
□□		□사	
□인		□신	이외의 삼형 모두 유사합니다.
□□		□□	

오주1		오주2	오주 1은 갑무경 삼귀가 형성됩니다.
□□		□□	오주 2는 을병정 삼귀기 형성됩니다.
경□		을□	
무□		병□	서로 간의 관계는 알아내지 못하였으나 갑목생
갑□		정□	병정화생 무토생 합금으로 소통세가 좋으니 긍
□□		□□	정일 듯합니다.

오주1		오주2	오주 1과 오주 2가 만나면 을병정이 형성되며
□□		□□	둘이 같이 있을 때는 많은 분들에게 인기가 높아
을□		□□	집니다.
□□		병□	
정□		□□	이외의 삼귀 모두 유사합니다.
□□		□□	

오주1		오주2	두 오주는 서로 인묘진 방합이 형성되었으며 서
□□		□□	로 간의 뜻이 통할 수 있습니다.
□□		□□	
□진		□□	
□인		□묘	이외의 방합 모두 유사합니다.
□□		□□	

오주1		오주2
□□		□□
□□		□□
□미		□묘
□해		□□
□□		□□

두 오주는 서로 해묘미 삼합이 형성되었으며 서로 간의 뜻이 통할 수 있습니다.

이외의 삼합 모두 유사합니다.

대운	오주1	오주2
	□□	□□
	□□	□□
갑□	□□	□□
	무□	계□
	□□	□□

오주 1과 오주 2는 서로 무계합화가 형성되었으며 오주 1의 대운에서 갑목이 들면 오주 1의 일간무토를 극하여 서로 간의 무계합화는 깨지게 됩니다(배신격).

대운	오주1	오주2
	□□	□□
	□□	□□
임□	병□	□□
	□□	신□
	□□	□□

오주 1과 오주 2는 서로 병신합수가 형성되었으며 사주 1의 대운에서 임수가 들면 사주1의 월간병화를 극하여 서로 간의 병신합수는 깨지게 됩니다(배신격).

오주1	오주2	대운
□□	□□	
□□	□□	
□□	□□	□미
□자	□축	
□□	□□	

오주1과 오주2는 서로 자축합토가 형성되었으며 오주2의 대운에서 미토가 들면 일지축토와 미축충이 되며 서로간의 자축합토는 불편해질 수 있습니다.

다행히, 천간충이나 지지 속 지장간 충에 비해 강도는 약할 수 있으나 은근히 불편율은 내재될 수 있습니다.

궁합의 경우 일주에서 서로 합이 들면 좋은 운기가 형성됩니다. 그러나, 서로 간의 일주뿐만 아니라 이외의 영역에서도 서로 합이 형성될 수 있고 이 또한 좋은 궁합이 될 수 있습니다. 단지, 일주가 아니기 때문에 서로간 끌리는 강도는 다소 약할 수 있습니다.

또한, 궁합은 부부간의 관계 이외에도 동업자의 관계에서도 중요하며 협업 연구팀의 관계에서도 중요하게 작용되는 경향이 있으며 서로 간의 합이 형성되면서 소통성이 좋고 재성이 발달되면 성과가 좋은 경향이 있습니다.

서로간 천간충과 지지충이 형성될 경우 서로 간의 궁합은 불편해집니다.

불편한 논리는 삼형, 형파해 등도 있으며 좋은 논리는 천간합, 육합 이외에 삼귀, 방합, 삼합도 있습니다.

서로 간에 천간합이 들었는데 어느 한쪽의 대운이나 세운에서 합을 깨면 서로 불편한 운기가 인연될 수 있습니다. 그러나, 그 해당 시기를 잘 극복하면 다시 좋아지기 때문에 현명한 대응이 요구됩니다. 그리고, 이러한 논리는 지지합도 해당됩니다. 그러나, 지지는 지장간으로 재분석이 요구될 수 있습니다.

사실 저는 사주감명에는 실력이 많이 부족합니다. 오랫동안 감명을 해 오시는 분들에 비해 명함도 내밀지 못하는 수준입니다. 저는 단지 특주를 발견한 점과 지장간을 특주부터 시주까지 적용한 점과 여러 특수 격국들을 발견한 점만 전 세계사적 최초의 업적이지 오랜 경력자분들에 비해 사주 감정은 많이 부족한 수준입니다.

더구나, 잘되고 출세하는 운세 분석은 약하며 잘못되는 운세를 전문으로 공부하고 있습니다. 잘되는 운세는 사람마다 환경이 모두 다르기에 결과가 모두 다를 수 있어서 의미성이 적으며 잘못되지 않으려는 마음은 누구나 있기에 그러면서 사회적 약자분들은 극복하기가 매우 어렵기에 불편율에 대해서 주로 공부하고 있습니다.

이 책을 출간하는 1순위 목적이 충극 사주분들이 어떻게 하면 극복할 수 있을까에 대한 많은 분들의 공부 유도입니다. 아마 언젠가는 그 해결안을 찾아내실 것으로 추정되나 사실 정제된 충극은 어찌 보면 세상 발전의 동력원일 수도 있기에 궁합적 대응 이전에 사회보장제도의 강화가 우선적 대안일 듯합니다.

대운-오주-세운 = 충극 연결[지장간 적용]

아래의 내용은 대운을 오주 왼쪽 수직으로 배치하고 있으며 세운은 오주 오른쪽 수평으로 배치하고 있습니다. 그리고, 본격적으로 사주감명하는 기본

표의 약식으로 미리 적응하기 위한 단계라 할 수 있습니다.

주요 관점은 대운과 오주의 연결성과 오주와 세운과의 연결성입니다. **글에서 사주의 표현에 오주가 맞지만 사회적 타당성에 입각하여 사주라는 표현도 같이 하고 있습니다. 이 점 양해 부탁드립니다.**

대운		오주	지장간		세운	
을미1937~1948.병신1949~1960.정유1961~1972.무술1973~1984. 기해1985~1996.경자1997~2008.신축2009~2020.임인2021~2032.						
임신	임경	병신	병경		경계 신계	경자 신축
		을미	을정			
		무인	무갑			
		□□	□□			
		□□	□□			
임정합목과 병신합수의 관계입니다.						

사주 년지정화는 대운 등과 합목되면 사주 을경합금에 금극목됩니다.

만약, 특간병화가 세운 등과 합수되면 년지정화는 수극화되며 합목이 되려하면 운기가 불안정해집니다.

사주 년지정화는 임신대운 임경구간 임수와 합목이 됩니다. 그러면, 사주 을경합금에 금극목됩니다. 그런데, 세운 경계특주에서는 특지 계수가 사주년지 정화를 수극화하고 있으며 이에 사주년지 정화는 대운 임수와 합목이 실패하게 되며 불안정한 운기가 형성됩니다. 그런데, 세운 신계특주에서는 사주 특간병화와 병신합수까지 되어 수극화는 더욱 심해집니다.

요지는 사주-세운 관계에서 사주년지정화가 수극되는데 대운-사주 관계에서 대운 임수가 사주 정화와 합목되려 하니 정화가 불편하여 합목이 실패하게 됩니다. 합이 실패하면 운기가 매우 불안정하게 됩니다.

대운이나 세운의 특주는 긴 주기입니다. 그 기간에 충극이 내재되면 사업이 잘 안 될 수도 있고 사건·사고와의 인연율이 높아질 수도 있으며 특히, 만성 질병과의 인연을 조심해야겠습니다.

을미1937~1948.병신1949~1960.정유1961~1972.무술1973~1984. 기해1985~1996.경자1997~2008.신축2009~2020.임인2021~2032.						
대운		오주	지장간		세운	
병술	병무	기해	기임	기임	신기 **임**무	신축 임인
		신미	신정	경정	신신	신축
	병정	기축	기기		계병	계사
		□□	□□			
		□□	□□			
임정합목과 병신합수의 관계입니다.						

사주상부에 임정합이 형성되며 평상시 신경금이 극하고 있습니다.

그런데, 세운과 대운에서 합목이 연결되며 합수도 형성 되는데 합수가 정화를 극하니 합목이 풀립니다.

대운-사주-세운이 합수로 연결되었고 년지정화를 극하여 임정합목이 풀리는 형세입니다. 세운에서는 월지병화만 지나가면 합수가 형성되지 않아 다시 불안정운기는 줄어들 수 있는데 대운에서는 병화가 지속되니 합수가 여전히 오랫동안 정화를 극할 수 있습니다. 만약, 목국인 한국의 특징에 사주 내 임정합목이 풀리지 않으면 사주 월지기토와 대운, 세운 토기들이 목기에 극 받게 됩니다.

을미1937~1948.병신1949~1960.정유1961~1972.무술1973~1984. 기해1985~1996.경자1997~2008.신축2009~2020.임인2021~2032.					
대운		오주	지장간		세운
계사	계병	병신	병무	병무	신기 임무	신축 임인
		신묘	신을	임을	경계 신계	경자 신축
		경계	경계			
		□□	□□			
		□□	□□			
병신합수와 무계합화의 관계입니다.					

대운–사주–세운 병신합수가 연결되고 무계합화도 연결되며 수극화가 됩니다.

세운 신축특주 신기구간은 사주와 병신합수가 연결되며 계사대운 계병구간 에서도 사주와 합수가 연결됩니다. 그런데, 대운 계수와 세운 계수는 사주 특 지무토와 합화가 연결되며 수극화가 됩니다. 그리고, 을경합금이 수극화를 부추깁니다.

세운이 임인특주 임무구간으로 접어들면 임수가 사주 병화를 극하여 병신합 수는 풀리며 연결된 무계합화도 극합니다.

사주 상부에서의 충극은 신체의 상부와 인연이 많고 판단력이 혼란스럽거나 두 통, 치매, 뇌졸중 등등 다양한 어려움이 인연될 수도 있으니 신중함이 요구됩니다.

을미1937~1948.병신1949~1960.정유1961~1972.무술1973~1984. 기해1985~1996.경자1997~2008.신축2009~2020.임인2021~2032.						
대운		오주	지장간		세운	
병인	병무	병신	**병경**		**신계**	신축
^	^	무술	무무		기신	기축
^	^	경신	경경		경정	경오
^	^	무인	무갑	무병갑		
^	^	□□	□□			
병신합수와 무계합화의 관계입니다.						

사주 특간병화가 합수되고 년주무토들이 합화되면 합수 극 합화가 됩니다. 동시에 2개의 합이 형성되기는 쉽지 않지만 불가능하지도 않습니다.

사주 특간병화는 세운 신축특주 신금과 합수가 되며 사주 년주 무토들은 세운 특지계수와 합화가 되며 수극화가 됩니다.

사주일지갑목은 평상시 경경월주에 불편한 상황인데 대운 병무구간 병화생 무토는 경금들을 부추깁니다.

대운		오주	지장간		세운	
계사	**계무**	정유	정신		신기 **임무**	신축 임인
		신해	신임			
		무술	**무정**			
임진	임무	☐☐	☐☐			
		☐☐	☐☐			

을미1937~1948.병신1949~1960.정유1961~1972.무술1973~1984.
기해1985~1996.경자1997~2008.신축2009~2020.임인2021~2032.

사주 내 2신금과 합목의 관계가 세운 등과 중복되어도 불편함은 커질 수 있습니다.

평상시 사주 내에는 정임합목이 신금들에게 극을 받고 있습니다.

사주 내 신금극 합목은 세운 신축특주 신기구간 신금에도 충극됩니다. 또한, 임인특주 임무구간에서는 임수가 사주 합목과 중복된 후 사주 신금들에 충극됩니다. 세운 등과 합으로 연결된 후 충극되면 불안정 운기는 더욱 커집니다.

계사대운 계무구간에서는 합화가 되며 사주 내 수기를 더욱 건조시켜 금극목의 불편율은 커질 수 있습니다. 물론, 화기가 신금을 극하여 금극목이 완화될 수도 있으나 신금도 자신의 신체이므로 다른 불편율이 발생될 수 있습니다.

사주가 건조하면서 충극이 들었을 때는 만성 질환과 인연이 높을 수 있으며 매사에 조심해야겠습니다.

대운		오주	지장간			세운	
을미1937~1948.병신1949~1960.정유1961~1972.무술1973~1984. 기해1985~1996.경자1997~2008.신축2009~2020.임인2021~2032.							
신유	신신	정유	정신			신기	신축
		무신	무무				
	임신	정사	정무				
임술		병자	병계	임계			
		□□	□□				

금극 합목과 합수 극 합화가 내재되며 합목 극 무토에 의한 무계합화 풀림이 요지입니다.

사주 내 무계합화가 형성되고 일간병화가 합수되면 수극화됩니다.

월간정화가 합목되면 월지무토를 극하여 무계합화는 풀릴 수 있습니다.

신유대운 신신구간일 때 사주일간병화와 합수된 후 사주 무계합화를 극할 수 있습니다.

임술대운 임신구간 임수는 사주 2정화와 순차 합목되는데 사주 특간정화의 합목은 세운 신축특주 신금에 금극목됩니다.

대운 임수와 사주 월간정화와의 합목은 사주 월지무토를 극하여 무계합화는 풀릴 수 있는데 대운 임수가 사주 월간 정화 상부의 무토들에 불편하여 합목이 쉽지 않을 수도 있습니다. 물론, 대운 임신구간 신금이 무토극임수에 역생소통될 수도 있으나 대운 신금은 사주 일간 병화와 합수가 되려하니 역생률은 제한됩니다. 만약, 합수가 되면 사주 합화는 수극화됩니다.

을미1937~1948.병신1949~1960.정유1961~1972.무술1973~1984. 기해1985~1996.경자1997~2008.신축2009~2020.임인2021~2032.					
대운		오주	지장간		세운
무신	무기 무무 무임 무경	계사	계병	계병	기임	기해
		신유	신신	임신	임경	임신
		신축	신신			
		□□	□□			
		□□	□□			
임수극병화와 병신합수의 풀림입니다.					

세운 기해특주 기임구간 임수가 사주 특지병화를 수극하니 병신합수는 풀립니다. 세운 기토는 사주 특간계수를 극하려 하나 사주의 대기신금이나 세운의 경금에 역생됩니다. 대운 무토가 사주특간계수와 합화후 사주 신금을 극하면 합수는 풀리지만 세운 특간기토에 의해 버팀력이 내재됩니다.

을미1937~1948.병신1949~1960.정유1961~1972.무술1973~1984. 기해1985~1996.경자1997~2008.신축2009~2020.임인2021~2032.					
대운		오주	지장간		세운
기미	기기	병신	병기		신기	신축
		기축	기계		기무	기해
		정묘	정갑			
		□□	□□			
		□□	□□			
기토극 계수로 인한 계무합화의 실패입니다.					

대운 기기토는 사주 년지계수를 극하고 있으며 세운의 기토들도 사주 년지계수를 극합니다. 그런데, 사주 년지계수는 세운 년지무토와 합화하려 하며 이에 실패하게 됩니다. 만약, 합화가 되면 사주-세운의 병신합수에 극 받게 됩니다.

사주년지계수는 평상시 특지기토 및 기갑합토에 토극수 상태입니다. 이처럼 사주 내에 충극이 인연되신 분들이 많은데 평상시는 불편함을 모를 정도로 무난할 수 있습니다. 그런데, 대운 등과 그 충극이 중복 강조되면 불안정의 사연이 발생하기 시작되며 계수가 합이 되려다 실패하면 불안정 운기가 더욱 커질 수 있습니다.

을미1937~1948.병신1949~1960.정유1961~1972.무술1973~1984. 기해1985~1996.경자1997~2008.신축2009~2020.임인2021~2032.					
대운		오주	지장간		세운
정미	병정	병신	병무	병임	무무 <u>기무</u> | 무술 기해
		임진	**임**을		
		계묘	계[을]		
	<u>정정</u>	임신	**임**[경]	기무임경	
		□□	□□		
토극 임수와 임정합목의 관계입니다.					

사주특주는 병무구간과 병임구간의 접경구간에 있으며 다가오는 특지임수가 특지무토에 토극수 상황입니다. 그러면, 정화가 다가와도 특지임수와는 합목이 쉽지 않습니다.

사주의 다가오는 특지임수는 특지무토에 토극수되어 대운 정화들과 합목이 어려우며 불안정 운기가 발생됩니다. 그런데, 세운의 특주도 무무구간에서 기무구간으로 진행되고 있으며 모두 토기로 사주의 다가오는 특지임수 및 년간임수는 불편해지며 대운 정화와의 합목은 더욱 어렵게 됩니다.

사주 일간 임수는 대운 정화와 합목되려 하는데 사주월간계수가 다가오는 대운 정화를 극할 수 있습니다. 다행히, 사주년지을목이 합금되기전에는 사주 월간계수를 흡수하니 이때는 일간임수의 정화와의 합목률은 높아질 수 있습니다. 사주년간임수는 세운토기들에게 토극수되고 있으나 사주 을경합금에 의해 역전의 용사격으로 버팀력은 내재되며 간헐적으로 대운 정화와 합목이 가능할 수도 있습니다.

을미1937~1948.병신1949~1960.정유1961~1972.무술1973~1984. 기해1985~1996.경자1997~2008.신축2009~2020.임인2021~2032.						
대운		오주	지장간		세운	
을해	을임 을갑	정유	정신		신기	신축
		을사	을무	을경	기임	기해
		경진	경무			
		□□	□□			
		□□	□□			
합목극 토기가 요지입니다.						

대운 을임구간 임수와 사주특간정화는 합목이 되며 사주특간정화는 세운년 지임수와도 합목이 됩니다. 그러면, 2임수 1정화로 1임수가 대기하면서 합목을 지원해 주니 수생합목격이 될 수 있습니다.

대운, 세운 임수와 사주특간정화의 합목은 세운 신축특주 신금과 사주 내 합금에 금극목 됩니다. 그런데, 2임수 1정화의 대기임수가 합목을 생하여 수생합목이 되고 그러면 토기들이 목극토됩니다. 사주 2무토와 세운 2기토가 수생합목에 불편할 수 있습니다.

| 을미1937~1948.병신1949~1960.정유1961~1972.무술1973~1984. |||||||
| 기해1985~1996.경자1997~2008.신축2009~2020.임인2021~2032. |||||||
대운		오주	지장간		세운	
병인	병무	정유	정신		신기	신축
		기유	기신		무무	무술
		신미	**신정**		임신	임술
		□□	□□			
		□□	□□			
병신합수 극 정화로 인한 정임합목 실패가 요지입니다.						

대운 병화는 사주신금들과 순차 합수가 되며 사주월지정화는 수극됩니다. 겹치는 세운 신축특주는 다행히 불편율이 없으나 세운 임술월 임수가 사주정화와 합목하려 하는데 사주정화는 수극 상태이므로 합이 실패하며 불안정 운기는 좀 더 커지게 됩니다.

| 을미1937~1948.병신1949~1960.정유1961~1972.무술1973~1984. |||||||
| 기해1985~1996.경자1997~2008.신축2009~2020.임인2021~2032. |||||||
대운		오주	지장간		세운	
경신	경기 경무	정유	정신		임무	임인
		무신	무기			
		갑인	갑갑			
		임술	임무	신정무		
		□□	□□			
정임합목과 금극목이 요지입니다.						

사주특간정화는 세운 임인특주 임수와 정임합목을 이룹니다. 그런데, 대운 경금이 합목을 극합니다. 만약, 합목이 대운 경금에 버팀력 내재된다면 사주

내 년간무토와 년지기토가 충극되며 기갑합토는 풀리며 세운 특지무토 또한 합목에 불편해집니다.

상부 특주가 불안정하게 되면 판단력 등에도 영향을 줄 수 있고 잦은 두통부터 치매, 뇌졸증까지도 인연될 수도 있으니 매사에 조심해야겠습니다.

을미1937~1948.병신1949~1960.정유1961~1972.무술1973~1984. 기해1985~1996.경자1997~2008.신축2009~2020.임인2021~2032.					
대운		오주	지장간		세운
신해	신무	정유	정신		신계	신축
		정미	정기		기기	기축
		병오	병정		신정	신미
		☐☐	☐☐			
		☐☐	☐☐			
합수극 정화 및 대운, 세운과의 연결 중복이 요지입니다.					

대운 신무구간 신금과 사주 월간병화는 합수가 되며 세운 신정구간 신금과도 사주 월간병화는 합수가 되며 이에 사주 월지정화와 세운 월지정화는 수극화가 됩니다.

사주의 수극화가 세운 등과 중복 연결된 후 세운도 수극화가 되면 불편함의 크기는 매우 커지게 됩니다. 또한, 대운의 신금기간은 매우 길어 불편함의 기간이 길게 지속될 수 있습니다.

다행히, 사주 격국이 무난한 편이고 대한민국은 목국으로 수극화에 버팀력은 타국에 비해 조금이라도 높아질 듯합니다.

을미1937~1948.병신1949~1960.정유1961~1972.무술1973~1984.						
기해1985~1996.경자1997~2008.신축2009~2020.임인2021~2032.						
대운		오주	지장간		세운	
임술 계해	임무 계무	병신	병경		신계 신신	신축
		무술	무정			
		정사	정병			
		□□	□□			
		□□	□□			
합수에 정화와 합화가 수극화되며 정임합목은 실패합니다.						

사주 년지정화는 수극화 되면 대운 임수와 합목이 실패하게 됩니다.

사주 년간무토가 합화 된 후 수극화되면 운기가 불안정하게 됩니다.

세운 특주신금과 사주 특간병화는 합수가 되며 사주 년지정화는 수극화됩니다.

세운 특주신계구간과 대운 계무구간은 사주년간무토와 합화가 되는데 합화도 합수에 수극화됩니다.

대운 임무구간 임수는 수극화되는 사주 년지정화와 합목이 실패하며 운기가 불안정하게 됩니다.

5장. 충극 작용에 대한 다양한 대응 관점

헤아릴 수 없는 수억광년 속 특정 년월일생의 동일 보유자분들은 현재 기준으로 젊으신 분들은 세상에 대략적으로 수십만 명 고령층분들은 몇만 명 정도로 많을 수 있습니다. 그리고, 일주의 지장간 구분에 따라 시주에 따라 젊으신 수십만 명의 동일 사주분들은 다시 몇만 명 단위로 나뉠 수 있습니다.

그런데, 시까지 동일한 수만 명의 사주분들이 모두 다른 삶을 살아가며 위기의 시기도 모두 다른 이유를 좀 더 다각도로 생각해 봅니다.

❶ 넓게는 나라마다 환경이 다르기 때문에 삶과 위기가 다를 수 있습니다. 강대국에서 사는 사람과 약소국에서 사는 사람의 환경이 다릅니다. 의료 수준의 관점으로만 분석해 보아도 위기 극복률이 차이가 납니다. 그리고, 이러한 논리들은 성장 배경과도 인연되어 결과가 달라질 수 있습니다.

❷ 국가마다 오행 특성이 다를 수 있으므로 국가의 오행에 따른 궁합이 다를 수 있습니다. 어떤 이는 목의 기운이 강조되었는데 수국의 나라에서 활동한다면 힘을 얻을 것이며 금국의 나라에서 활동하면 제한이 많이 따를 것입니다. 그리고, 이 논리는 좀 더 작게는 지역적 방위와도 인연되어 영향받을 듯합니다.

참고로 어떤 나라가 목화토금수 운기인지 알기는 쉽지 않습니다. 단지, 미국은 금기의 나라이며 한국은 목기의 나라인 듯하며 많은 역술인 분들이 오래전부터 제시하고 있습니다. 이러한 나라별 오행 운기의 분석은 앞으로 많은 분들이 찾아내셔야 합니다.

나라별 오행은 찾기 어렵지만 지역적 방위는 산맥이 둘러싼 한 도시를 예로 들어 보았을 때 북쪽은 수기, 동쪽은 목기, 남쪽은 화기, 서쪽은 금기로 표현하며 좀 더 자세하게는 12지지의 지장간 진행 순서와 동일합니다. 즉, 쉽게 방합으로 북수-동목-남화-서금으로 표현할 수도 있으나 세부적으로는 12지지의 지장간에 따라 달라질 수 있는 듯합니다. 지역적 방위는 풍수지리에서 큰 도움을 얻지 않을까 판단되며 나경패철을 사용합니다.

또한, 나라별 오행은 방위적 오행 이외에 국기의 오행하고도 인연이 많은 듯합니다. 국기의 오행 원리는 회사마다 로고 원리와도 유사합니다. 어떤 회사의 로고가 빨강으로만 되어 있으면 특주에서 수기가 올 때 확률적으로 불편율이 높아지는 듯하며 초록이나 목기의 로고는 힘을 얻는 듯합니다. 물론, 그회사의 지분 대주주나 대표 명의인의 사주도 인연되고 전 직원들의 궁합하고도 인연될 수 있으나 대주주나 대표자 이외에는 대부분 희석될 듯합니다. 또한, 회사의 로고나 국가의 국기에 대한 오행운기는 영향력이 작을 듯하지만지속적으로 영향을 주어 물방울이 바위도 뚫을 형세가 가능할 듯합니다.

❸ 직종, 직장에 따라서도 달라질 수 있는데 대부분 복잡 유형이지만 간혹은 특정 요소가 강한 직종, 직장도 내재될 수 있습니다. 철강을 다루는 업종은 금기가 강하다고 볼 수 있으며 사우나, 목욕탕, 수영장, 수자원공사의 직종은

수기가 강하다고 볼 수 있으며 산림 관련, 농림 관련 직종은 목기가 대표한다고 볼 수 있습니다.

❹ 자본주의 시대 자본력이나 이에 따른 권능에 따라서도 결과가 달라질 수 있습니다. 일류 기업 운영자, 고위직 공무원, 거대 자산 소유자 등 피라미드 상부 구조의 분들은 사주에 충극의 인연이 되어도 다치거나 사고나는 비율은 상대적으로 적습니다. 왜냐하면 직접 몸으로 고된 일을 하시기보다 지시하는 위치이며 위험한 일을 직접 할 필요가 없으며 보호막이 강하기 때문입니다. 심지어 질병에 대해서도 대응력이 높은 편입니다. 반면, 명예와 관련해서 어려움을 겪거나 삶에 힘을 잃을 수 있습니다. 피라미드 하부의 구조분들은 반대적 경향이 있으며 이런 점들이 동일 사주분들이라 하더라도 결과가 달라지는 원인입니다.

좀 다른 예로는 소나무 씨앗이 산중 옥토에서 자리 잡는 경우와 암벽 바위에서 자리 잡는 경우 그 결과는 크게 차이가 납니다. 산중 옥토에서는 수십 미터의 거대목이 되며 암벽 바위에서는 몇 미터도 크지 못하는 경우가 그러합니다.

이 점에 있어서 자칫 사회 불균형 대비 형평성 논란에 다수의 서민들이 의기소침한 생각이 드실 수도 있지만 개천에서 용이 난다는 말이 있듯이 가장 밑에서부터 시작하시어 피라미드 상부에 도달하신 분들도 적지 않습니다. 큰 기업 창업주분들이 대부분 그러합니다. 또한, 고위직 관직에 오르신 분들도 과거로 갈수록 사회적 약자였던 분이 적지 않습니다.

❺ 배움의 차이에 따라서도 기술 습득의 차이에 따라서도 오랜 경험의 습득에 따라서도 차이가 날 수 있습니다. 지식, 기술, 경험 모두 자신을 생해 주는 인성적 운기이며 사주 내에 인성이 지나치게 많지 않은 이상 개척과 노력으로 인성운기를 많이 습득한 분들이 아무래도 생존율이 높으며 발전율에 차이가 납니다.

예로, 수많은 자격증을 취득하거나 고시에 합격하거나 의대를 졸업하거나 명문대를 나오신 분들과 학력이 짧은 분들에 대한 세상의 대응은 많은 차이가 납니다. 동일 충극 사주라 하더라도 인성이라 할 수 있는 인정받는 공신력 습득은 결과가 달라질 수 있습니다. 물론, 사주에 의한 인성에 비해 제한적일 수는 있으나 분명 큰 도움이 됩니다. 과학적 장비로 검증할 수 없지만 인성은 신앙의 인연이 가장 강할 것으로 생각되며 전생과 현생의 공덕과 업보도 영향이 따를 듯합니다.

인성은 자신의 일간을 생해 주는 요소인데 전생이나 현생에 사회복지시설에 헌금하거나 봉사와 헌신을 많이 하여 그 식상이 돌고 돌아 자신을 위해 주는 인성이 되어 돌아올 수 있는 듯합니다. 개인적 추정으로는 대략 20년 정도의 윤회 기간이 걸릴 듯합니다. 물론, 과학적 장비로 검증하기에는 아직 미흡한 세상입니다.

충극운기에 대한 천지오륜장 필요성

금극목의 충극 사주일 경우 육체 노동 환경이면 사고 등의 불편한 일이 많아 질 수 있으나 사무직에서는 환경 자체에 의한 특성으로 사고 등은 확률적으로 낮을 수 있습니다. 반면, 사무직의 환경일 경우 사고 대신 질병률이 좀 더 높을 수 있습니다. 금극목은 금이 목을 꺾는 것인데 물리적 환경의 교통사고, 산업재해로도 나타날 수 있지만 질병에 있어서는 요로결석, 신장결석, 뇌졸증, 디스크 등의 질병으로도 나타날 수 있습니다.

대운이나 세운특주에서 사주와 충극이 겹치면 불안정운기가 강해질 수 있고 동일사주분들은 대부분 비슷한 시기 불안정한 운기가 인연될 수 있습니다. 그러나, 위에서 논한 다양한 인연법에 따라 결과는 모두 다를 수 있습니다.

누구나 충극은 일주나 시주에서 수시로 옵니다. 짧은 기간의 충극은 오히려 담금질 성격으로 단련시켜 주기도 합니다. 간혹, 긴 대운과 세운 특주에서는 잘 버텼는데 연월일 세운과의 일시적 충극에 위기를 겪는 경우도 있으니 항상 신중한 관점 보유가 중요합니다.

대운이나 세운 특주의 충극이 아닌 이외의 연월일 세운에서 충극되어 위기를 겪는 경우는 기본적으로 세운 천지장이 사주 일주를 불편하게 하면서 방위적 충극이 동반되는 경우가 적지 않은 듯합니다. 즉, 확률적으로 대운이나 세운 특주의 충극이 아님에도 위기를 겪는 다는 것은 쉬운 확률이 아닙니다. 그 적은 확률을 만족시키기 위해서는 방위적 충극이 적용되어야 납득될 수 있습니다. 기타 악연체도 가능할 수 있습니다.

충극은 아니지만 오행 요소의 소통 부족과 지나친 과다에 의한 경우도 조심해야 합니다. 예로, 화기가 지나치게 많으면 또는 수기가 부족하면 만성 질병과 인연되는 경우가 많습니다.

100세의 삶을 완주라고 표현했을 때 동일 사주분들이라도 위기의 시기가 모두 다를 수 있습니다.

이러한 차이가 생겨나는 원인은 여러 번 논하였듯이 저마다의 환경이 모두 다르기 때문입니다. 그러면, 어떤 분은 사주 역술학이 필요가 없지 않느냐 하실 수 있습니다. 이 점에 있어서 개인적 결론은 불안정한 운기는 동일 사주분들이 대부분 비슷한 시기에 겪으나 저마다 다른 환경에 따라 가볍게 극복하느냐 절체절명의 위기로 맞이하느냐 차이가 날 수 있으며 자신이 미래에 과연 슬기롭게 극복할 수 있는지 장담할 수 있는가 재분석해 보았을 때 대부분 미리 유비무환 조심하는 것이 현명하지 않을까 판단됩니다.

그리고, 완주까지 끊임없이 불편함이 다가오는데 어디까지 버틸 수 있느냐에 대해 최대한 유리한 상황을 유지하려면 천지오륜장은 필수라 할 수 있습니다.

길흉화복의 상대성에 의한 체감

평생 고시원에서 전전긍긍 하신 분이 소형 임대아파트에 입주한 것만으로도 천군만마를 얻었다고 하면서 행복해하시는 분도 계시며 거대 광실 부유층이 사업 실패로 소유권 30평대로 이주하면서 살아갈 희망이 없다고 하며 불행해하시는 분도 계실 수 있습니다.

물론 두 분이 동일 사주일 경우보다 다른 사주일 경우가 높습니다. 전자의 경우는 우상향 그래프이며 후자의 경우는 우하향 그래프입니다. 그런데, 인생 목적 달성의 수치가 1에서 100까지 있다고 했을 때 전자의 경우는 10 정도에서 20 정도까지 오른 것이며 후자의 경우는 90 정도에서 45 정도로 낮아진 것입니다. 그래도 후자가 35나 높습니다. 그러나, 그 마음은 정반대입니다.

이러한 상대성에 의한 판단 기준이 다른 상황에서 동일 사주분들의 결과는 당연히 달라질 수밖에 없을 것입니다. 그리고, 후자의 경우를 겪어 보지 않고는 함부로 판단해서는 아니 될 듯합니다.

길흉화복의 철학적 자세

산모가 출산의 고통을 겪은 후 귀한 자식을 얻었습니다. 그러면, 출산까지의 고통이 불행일까요, 행복일까요? 어떤 중소기업이 훌륭한 기술을 완성시키기 전까지 많은 부채를 늘려 가며 시련과 고난을 겪었다면 그 고행의 기간이 행복일까요, 불행일까요? 존경받는 판검사님이 되시기 전 고시에 합격하기까지의 힘든 과정이 불행일까요? 행복일까요? 모든 분들이 한 가지로 대답하지 못하실 것입니다. 그것은, 철학이 중요할 수 있다는 뜻입니다.

좀 더 자세히 논하자면 사주에서 찾아오는 충극의 불편한 기간이 질병이나 사고가 아니기를 조심하면서 오히려 향후 더 큰 행복을 위한 과정의 길이 아니었는지도 생각해 보아야 한다는 점입니다. 자신의 사주가 또는 어떠한 시기에 충극이 인연된다면 유비무환 조심하면서 다각도로 생각해 보아야 한다는 점입니다.

이 논지는 천지오륜장 역술이 세상에 자칫 의기소침이나 모르는게 약이다 등 잘못된 영향을 주지는 않을까 하여 강조하고 있는 내용입니다. 자신의 사주를 찾아보았을 때 사주 내에 충극이 자리 잡고 있던가 대운이나 세운특주 등 특정한 기간에 오랫동안 충극이 예상되고 있다면 겁이 날 수 있습니다. 그리고, 판단력이 약해질 수도 있으며 자신감이 낮아질 수도 있습니다. 그런데, 실제 세부적으로 살펴보면 크게 2가지로 나뉠 수 있습니다. 만성질병이나 사고 등의 위기를 겪으시는 분들도 계시지만 그 위기를 극복하고 이후에는 큰 성과를 얻어 내시는 분들도 계십니다.

즉, 전자인지 후자인지 처음부터 걱정하시기보다는 질병에 걸리지 않고 사고가 나지 않도록 매우 신중하게 조심하면서 충극 기간 이후 크게 잘될 수 있는 일이 무엇이 있을까 사전 유비무환 철저히 준비를 하시는 것이 현명한 처사인 듯합니다.

물론, 이론처럼 대응하기는 쉽지 않습니다. 저 개인적으로도 충극사주이며 삶이 매우 힘든 과정입니다. 저 이외에도 충극사주에 위기를 접하신 분들이 적지 않습니다. 그러나, 어쩌겠습니까? 안정되게 살려면 극복해야 하며 남들보다 더 노력하고 더 참고 더 열심히 살아야 하는 방법 이외는 없기에 그러합니다. 이에 쉽지는 않지만 궁합법이나 물상법 등으로 대응하려 하고 있으며 무엇보다 철학이 절대적으로 요구되게 됩니다.

먼저, 왜 나는 충극사주로 태어났는가, 남들은 왜 소통세 행복사주로 태어났는가의 철학적 관념이 생겨나고 깊이 생각하다 보면 신앙까지 이어지게 됩니다.

충극사주가 소통사주에 비해 확률적으로 불편한 기간은 더욱 많습니다. 그래서, 솔직히 힘듭니다. 그런데, 충극사주가 한번 운기가 풀리면 매우 강하게 풀려 나가는 경우가 많은데 이 기회를 잘 잡는다면 남들이 평생 얻어 낼 성과를 단기간에 얻어 낼 수도 있으니 사전 유비무환 신중하게 준비하심도 필요합니다. 그리고, 조물주님이 왜 다양한 사주를 창조하셨을까 고민해 보면 사람 인(人) 자에서 알 수 있고 두 사람이 기대어 버티고 있습니다. 즉, 혼자만의 사주만 판단할 일이 아니며 다 같이 더불어 사는 사회를 지향해야 하는 깊은 뜻이 내재되어 있습니다. 이 논리는 직접적인 사람들의 만남을 넘어 다양한 단체들의 협업도 가능할 수 있습니다.

세운특주는 6번째마다 충극특주가 다가옵니다. 어느 누구도 예외가 없습니다. 그 시기는 대략 50세에서 70세 사이입니다. 그래서 과거에는 사람들의 수명이 60세 전후로 짧았습니다. 그런데, 요즘은 의학의 발달로 80세 이상이 평균이 되고 있습니다.

즉, 천지오륜장의 원리는 오래전부터 미래까지 적용되고 있으며 과거로 갈수록 극복률이 낮았지만 미래로 갈수록 세상의 노력으로 천지오륜장의 불편함을 극복할 수 있는 비율이 높아지고 있다는 뜻이며 무조건 겁부터 낼 상황이 아니라는 뜻입니다. 그리고, 조물주님이 인간을 세상에 인연시키시는 목적이 바로 운명예정설이 아니라 운명개척설이지 않을까 생각해 봅니다. 아직까지는 충극 인연분들이 많이 힘드시겠지만 자신의 극복과 더불어 다음 세대들을 위해 극복할 수 있는 다양한 방안을 찾으려 노력하시려는 마음가짐이 중요할 듯합니다.

참고로 세상의 큰 권한을 가지신 분들중 충극사주분들도 계시며 이러한 현상이 가능한 원리가 특정기간 세운 천지오륜장과의 합충변화가 사주 내의 충극을 역생소통시켰기에 가능할 수 있습니다. 역으로는 자신의 충극사주가 세상의 조화롭지 못한 형세를 조율할 수 있는 운기가 될 수도 있다는 뜻입니다. 이 논지는 고차원 철학이 요구됩니다.

병원은 아픈 환자들을 치료, 수술하는 곳이며 운기가 험난할 수 있습니다. 건설, 토목 현장은 뒤집어엎은 후 뚝딱뚝딱 공사를 하는 영역이므로 역시 운기가 험난할 수 있습니다. 이와 같은 곳들의 인연체분들의 사주는 소통세가 좋은 경우보다 충극운기와 인연이 더 많을 수 있습니다. 다른 표현으로는 정상적 운기들은 인연율이 낮을 수 있고 관련된 충극의 운기체들은 버팀률이 상대적으로 높으며 적응률도 높을 수 있습니다. 단지, 대비할 점은 충극을 내재한 삶은 인연된 충극 환경에 의해 확률적으로 사고의 인연율이 높아질 수 있으니 사전 유비무환 대비하심이 중요하다는 점입니다.

예로, 충극의 시기에 항상 신중하고 조심하고 살펴보는 삶은 아무래도 확률적으로 사건·사고율은 낮아질 수 있으며 바로 이러한 관점을 보유하고자 천지오륜장을 공부하심이 중요하다는 뜻입니다.

6장. 천지오륜장의 국가 소유권 그리고 시너지

천지오륜장으로 많은 분들의 길흉화복을 예측할 수 있으나 복은 환경에 따라 달라질 수 있으며 흉도 역시 달라질 수 있습니다. 많은 대응책이 부족한 사회적 약자분들에게 당신은 언제 잘못된다고 강조하면서 향후 해당 시기 실제 거의 맞으면 이것이 훌륭한 것인지는 모르겠습니다. 어찌 보면 남들이 모르는 특별한 정보책을 습득하였으므로 대단한 것은 맞으나 자칫 약 올리는 것일 수도 있습니다. 왜냐면, 대안책이 없는 미래에 대한 위기는 자칫 사람이 긍정이지 못하게 될 수 있고 의기소침하여 성과율이 낮아질 수도 있기 때문입니다. 반면에 대안이란 신의 영역이지 인간의 영역이기엔 아직 많이 부족합니다. 그래서, 바른 신앙과 함께하심은 절대적일 수 있습니다. 그렇지만 실체도 보이지 않는 신에게만 무조건 의지할 수도 없고 절대주님은 인간들이 신에게 의지하기 전에 스스로 최선을 다하기를 바라실 것입니다.

그러면, 어찌하는 것이 바람직한 방향일까요? 저는 이렇게 답변하고 싶습니다.

먼저, 저는 이 천지오륜장에 대한 지적재산이 발생될 경우 99%를 국가에 귀속되기를 하루빨리 염원하고 있습니다. 1%는 개인연구활동과 역술의 발전을 위해 사용되어지기를 희망합니다. 물론, 국가에 귀속되기 전에는 개인적 소득 활동으로 활용될 것입니다.

국가가 대주주처럼 소유권자가 되었을 때는 공신력 발생으로 판매 영역이 넓어질 수 있습니다. 국가의 공신력으로 다영역에서 활용된다면 도서 판매 소득만 매년 몇십 억 정도의 수익금이 발생될 수도 있습니다. 그런데, 해외로 진출한다면 최소 10배인 매년 수백억 정도의 수익금이 발생될 수도 있습니다.

그러면, 이 수익금으로 국가가 구축하실 일이 바로 안전망에 대한 협조적 대응 방안입니다. 물론, 정부의 예산으로 사회안전망이 유지되고 있기에 여기서의 자본은 평상시 축적해 놓았다가 비상시 협조책으로 사용되는 것입니다. 예로, 건강보험공단의 예산이 갑자기 줄어들 때 깊은 중병의 서민층들은 위기에 처할 수 있습니다. 이럴 때 사용될 수 있습니다. 대한민국은 대기업 몇 곳의 세원이 전체 세원의 많은 비중을 차지합니다. 과거 베네수엘라처럼 유전 등 몇 가지 사업에 치중된 사회구조는 그 사업이 위축되면 한순간에 절체절명의 위기를 겪는 편중된 환경인 것처럼 이에 대비한 버팀력적 기능입니다.

그런데, 국가의 운영 규모는 사실 거대 자금이 요구될 수 있고 해외로 진출해서 수백억을 매년 축적한다고 해도 수백억이 큰 자금이 아닐 수 있습니다. 이에 이곳에서의 자본이 축적되고 여유성이 생긴다면 일부금에 있어서는 위험하지만 고수익을 지향하는 파생 상품도 접근할 필요도 있습니다. 물론, 철저히 실력이 검증되어야 하는데 저의 실력은 미흡하지만 이 천지오륜장을 확산시키면 향후 고도의 두뇌 인재들이 참여하여 천금을 희롱하는 시기가 다가올 수도 있지 않을까 판단됩니다. 파생의 종류는 유가, 금, 곡물, 원자재, 환율 등 많으며 천지오륜장에서는 관련 오행들의 추세로 추정할 듯합니다.

그 규모가 어느 정도로 커질지 예측할 수 없지만, 만약 매우 커진다면 추진해야 할 사업이 적지 않습니다.

❶ 비상시 건강보험공단, 국민연금공단의 예산에 협조한다.
❷ 평상시 질병 관련 신약과 첨단 의료 장비 개발에 협조한다.
❸ 평상시 건설 현장 등 사고 발생 영역에 대한 안전 장비 개발에 협조한다.
❹ 기타 등등

충극 사례들은 모두 사고, 질병들과 관련된 내용입니다. 그런데 왜 의료인도 아니고 정치인도 아닌 역술인 저자가 사회안전망에 협조하려 할까요?

바로 위에서 질문한 것에 대한 답변을 드리려는 것입니다. 사주에 있어서 특정한 시기에 충극이 인연되어 언제쯤 위기가 오는지 알고 있는 것은 분명 모르는 것이 약인 게 아니라 아는 것이 힘입니다. 단지, 약자의 위치에선 세상의 불투명에 의기소침해질 수 있고 걱정이 지나치게 앞설 수 있습니다. 그러면서 실제 충극현상의 발생율이 높고 극복율이 제한적입니다. 이에 사회안전망을 좀 더 강화시켜 다수의 위기에 조금이라도 극복률이 높아질 수 있도록 실현화시키려 하는 것입니다.

향후 대비점으로 제가 평생 연구하여 찾아 낸 천지오륜장을 과감히 국가에 소유권을 귀속시키려 하는 마음에 많은 분들이 착하다. 멋지다 등등 좋게 생각하시는 분들이 계실 것입니다. 또는, 국가에 소유권을 귀속시켜 더 많은 분들을 도와줄 수 있으니 매우 현명한 생각이며 이에 나도 따라 해야겠다고 생각하시는 분들이 계실 수도 있습니다. 그러나, 많은 분들이 절대 따라 해서는 아니 되며 아주 특별한 경우만 가능할 수 있습니다.

절대 따라해서는 아니되는 영역은 신기술을 중요시하는 영역입니다.

반면, 국가에 소유권을 귀속시켜도 무난한 영역은 안정망과 관련된 영역입니다. 역술 영역은 신기술도 중요하기는 하나 안정망이 더욱 중요하며 국가가 소유권자가 되어도 신정보에 대한 대응이 가능할 수 있습니다. 그러나, 반도체, 자동차, IT 등등의 신기술 영역은 공익기관에서의 운영은 쉽지 않습니다.

수십 년 감명하신 분들이 천지오륜장으로 재분석하신다면 또한 앞으로 수십 년의 운세감명으로 살아가실 분들이 재정립하신다면 이때는 용이 여의주를 얻는 격이 되실 것이며 매우 강력한 사회문화의 경쟁력이 구축될 것입니다. 물론, 반드시 중요한 대비점이 산전수전 공수전의 다양한 경험을 하신 분들이 공부하셔야 하며 오랜 세월 공부하심에 산전수전 공수전을 겪으셔야 한다고 판단합니다. 예로, 사회 경험도 없는 분들이 세상 수많은 역격과 고난을 겪으신 분들을 상대로 운세에 대한 조언을 하신다면 뭔가 어울리지 않는 그림이지 않을까 생각됩니다.

또한, 앞으로 대학의 학과별 교양과목으로 지정되어야 한다고 분석합니다. 만약, 의료계에서 공부하신다면 환자들의 충극시기 관점으로 분석하시다 보면 세상 참 알 수 없는 무엇인가 있구나 생각되실 것이며 신약 개발에 있어서 환자 쾌유에 있어서 좀 더 긍정적인 인연이 많아지실 것으로 생각됩니다.

천체, 지질, 해양 등의 관련 학과에서도 공부하시다 보면 홍수, 가뭄, 화산폭발, 지진, 산사태, 해일 등 자연재해 관련 아주 조금이라도 도움을 얻을 수 있지 않을까도 생각됩니다.

역사, 세계사 관련학과에서도 도움되실 것이며 역술계에 도움도 많이 주실 것으로 생각됩니다. 오랜 역사, 세계사 속 일반인들이 접하기 어려운 고서 등에 그 당시의 질병, 천재지변, 이상기후 사회현상 등 기타 다양한 자료들을 얻어내실 수 있으며 이러한 특수 자료들을 바탕으로 전문적 분석이 가능하여 앞으로의 이상현상 등의 대비에 조금이나마 협조되지 않을까 생각됩니다.

무엇보다 가장 인연이 강한 곳은 경제, 경영, 경상 등의 영역입니다. 경제 등의 영역은 비록 음양오성 기준 다양한 관점 중 재성에만 해당되는 영역이지만 주식, 파생 금융 관련하여 큰 틀의 방향에 있어서 길흉이라는 비례성에 인연될 수 있기 때문에 적지 않게 협조될 수 있습니다.

다양한 분야의 오랜과거 및 세상의 넓은 곳까지 전문적 자료를 바탕으로 천지오륜장 특정 영역을 공부하신 분과 비전문가의 입장에서 공부하신 분들과의 결과의 깊이는 너무나 크게 차이가 날 것입니다.

어떠한 국가가 힘을 얻을 수 있을 것인가 또는 어떠한 국가가 쇠락의 길을 걸을 것인가에 대한 분석에 있어서 정치학, 경영학, 사회학, 세계사 등등 전공자와 비전공자의 결과는 크게 차이가 날 것이라는 판단입니다.

왜냐하면 해당 영역마다 전문적 데이터가 있고 과거 수많은 데이터를 가지고 분석한 필승기와 데이터 없이 추상으로 분석한 내용과는 깊이와 넓이가 다를 수밖에 없기 때문입니다.

바로 이 점 때문에 저는 많이 부족한 수준입니다.

앞으로 위기가 예상된다면 어떻게 개척 정신으로 노력해야 하는가 그리고 앞으로 호기가 예상된다면 그 호기를 최대한 극대화하기 위하여 무엇을 준비해야 하는가에 결과가 크게 달라질 것입니다.

작은 나라 대한민국이 전 세계에서 생존을 넘어 강력한 강국으로 자리를 확고히 하기 위해서는 천지오륜장은 반드시 대학의 교양과목으로 지정되어야 하며 국가와 기업연합체 그리고 대학 중심 지식인단체의 종합적 연합체가 구성되어야 합니다. 그리고, 이 논리를 역으로 해석해 보았을 때 나라를 망가트릴 매국노 조직들의 다양한 술수도 대비해야 하며 대부분 사회적 약자를 앞세우던가 강자에서 약자로 추락한 위급한 분들을 앞세우는 전술들이 예상될 수 있습니다.

사회적 약자분들을 위한 시스템을 사회적 약자분들이 사회적 약자를 만든 즉, 자신들을 망가트린 존재성들에게 충성하며 자신들을 도와주려하는 시스템을 망가트리려 하는 내연이 현실 속 진실이지는 않을까 조심스레 추정해 봅니다.

제가 세상에 올리는 천지오륜장은 매우 어려운 듯하나 사실 기초적 틀에 해당되는 수준이며 실제 현장에 접목하기에는 많이 부족한 수준입니다. 그래서, 앞으로 많은 분들이 실효적 천지오륜장의 필승기를 얻어 내시려면 향후 대학의 교양과목 정도까지 널리 보급하셔야 되며 그 전에 수십 년 경력의 역술가분들이 천지오륜장으로 재분석하여 세상에 필승기를 많이 올리셔야 합니다. **단, 이때 지적재산에 침범하지 않는 방식으로 올리셔야 합니다. 아니면 서로 간 교류 방식으로도 가능할 수 있습니다.**

향후 천지오륜장이 국제무대로 확산될 경우 그 수익금의 90%는 그 나라에 사용되어야 한다고 생각합니다. 5%는 향후 지향할 국제연합 영역에 할당되고 나머지 4%는 대한민국에 귀속되며 1%는 기타의 사용에 활용됩니다. 그리고, 그 나라에 사용되는 영역은 대한민국과 동일하게 사회적 약자 영역이며 건강보험공단이나 국민연금의 시스템도 동일하게 추진되어야 한다고 생각합니다. 대한민국에 귀속되는 4%는 한국만을 위해 사용되어지는 것이 아니며 국내 및 국제적 기업들과 연구, 교류함에 사용되어집니다. 예로, 질병 관련 치료약, 의료 장비부터 안전사고 방지 기술, 환경보호 기술, 지구온난화 대비 신재생 신기술 등등이 그러합니다. 그리고, 1% 기타 등의 영역에 종교 연합에서의 역술 운영 및 관리도 좋을 듯합니다. 위 모든 것이 이루어지는 시작점이 바로 국가로의 지적재산권 귀속 시점입니다.

7장. 충극 사주를 극복하기 위한 지푸라기 대응법

대운이나 세운특주와 연결되어 충극이 인연되었을 경우 질병, 사고, 실패, 자신이나 타인에 대한 극단적 선택 등이 자주 나오고 있습니다. 아직은 많이 부족해서 위 종류에 따른 세부적 격국 분류가 쉽지는 않습니다. 향후 많은 역술가분들이 모이면 좀 더 체계적인 수준에 도달할 수 있을 듯하나 사주만으로 구분되지는 않을 듯하며 살아가는 환경에 따라 결과가 다양할 듯합니다.

그러나, 공통점은 해당 기간에서 불편율이 높을 수 있다는 점입니다. 그러하기에 건강이나 사고 등에 있어서 우선적으로 신중하게 대처해야 하며 이외에도 다양한 어려움들이 발생되지 않도록 많은 준비와 노력을 해야 합니다.

먼저, 저자인 저도 사주가 매우 불편한 격국입니다. 더구나, 대운이나 세운의 특주까지도 불편함들이 인생의 황금기에 집중되어 있습니다. 매우 힘들고 하루하루 힘겹게 버티고 있습니다. 그리고, 오래전부터 역생되는 방법이 없는가 수많은 방법들을 연구, 고심하고 있습니다.

가장 실효적인 방법은 사람들간의 궁합을 활용하는 방법입니다. 그러나, 현실적으로 대응하기가 매우 어렵습니다. 예로, 충극을 역생시켜줄 요소의 사주인을 만나야 하는데 누가 어떤 사주인지 알기가 쉽지 않습니다. 또한, 결혼을 안 했으면 배우자로의 만남으로 접근할 수도 있겠으나 결혼을 한 후라면 어떠한 명분으로 만남이 가능하겠는가가 쉽지 않을 듯합니다. 또한, 서로 간의 불리한 격국을 서로 간에 보완되면 공정하나 일방적으로 한쪽만을 위한 만남 또한 형평성에 어긋나니 이 또한 쉽지 않을 듯합니다. 무엇보다 가장 어려운 점은 복잡한 사주의 경우 상생 가능한 격국의 비율이 적거나 상생 가능한 격국의 해석 조차 쉽지 않을 수 있다는 점입니다. 그러나, 향후, 수십 년 후에는 천지오륜장이 많이 보급되고 세상 많은 분들이 공감하며 이해하신다며 다양한 방식으로의 접근법과 양방향 다각도 상생책도 찾아내실 것으로 예상됩니다.

아래의 내용들은 대부분 지푸라기 요법으로 실제 도움이 되는지도 검증이 미흡한 수준들입니다. 그러하기에 일방적으로 맹신하지 마시고 과연 도움이 될 수 있을까 의심하시면서 조금씩 적용해 보시면 좋을 듯합니다. 만약, 전혀 도움이 되지 않으신다면 바로 중지하시면 됩니다. 개인적으로는 충극 사주로서 어떻게든 긍정의 삶을 살고 싶어 해 볼 수 있는 방안을 모두 동원하고 있으며 실제 체감적으로 1~5% 정도는 도움이 되는 것 같습니다.

❶ 사주 요소의 약점을 보완할 수 있는 요소에 대한 수리학을 최대한 활용합니다.

10간	갑	을	병	정	무	기	경	신	임	계
후천수	3	8	7	2	5	0	9	4	1	6

만약, 보완되는 요소가 갑목일 경우 3의 숫자를 주변에 최대한 활용합니다.
만약, 요구되는 요소가 화기이면 7병화 또는 2정화 또는 56무계합화를 적

용합니다.

전화번호, 인터넷 아이디, 응용 번호 등에 최대한 많이 적용할 수 있는 만큼 적용합니다. 또는 속옷이나 물건 등에 매직으로 써 놓기도 하며 자수를 적용하기도 합니다.

❷ 사주 요소의 약점을 보완할 수 있는 요소에 대한 색상을 최대한 활용합니다.

갑목= **진녹색** 또는 고동색 섞인 진녹색

을목= **연두색**

병화= **빨강색**

정화= **노랑색** 또는 주황색(황토색과 구분이 어려움)

무토= **고동색**으로 빨강이 약간 섞이면 술토 파랑이 약간 섞이면 진토에 가깝습니다.

기토= **황토색**. 주황색과 구분이 쉽지 않습니다. 또한, 요즘은 회색도 기토의 운기가 흐르는 듯합니다.

경금= **진회색**

신금= **흰색** 또는 **약한 회색**

임수= **진파랑** 또는 검정색이 약간 섞인 진파랑

계수= 옅은 **하늘색**

위 색의 관점은 저 혼자만의 생각입니다. 검증된 다른 전문가분들을 우선으로 참조하시면 좋겠습니다. 간혹, 한자 어원의 푸르다에 있어서 울창한 산세도 푸르다하며 넓은 바다도 푸르다 하는데 구분된 푸르다인지 확인하는 관점도 중요합니다.

사주 상부에 갑목이 요구되면 진녹색 모자를 즐겨 사용할 수도 있으며 하부에 병화가 요구되면 빨강색이 적용된 신발을 선택할 수도 있습니다. 또한, 중심부에 금기가 요구되면 허리띠 버클을 금속으로 선택해 사용합니다.

위 방법들 역시 지푸라기 요법이며 실제 큰 도움이 되기는 어렵습니다. 그러나, 이상하게 아주 조금 느낌상 도움이 되는 듯합니다. 또한, 복잡한 사주인 경우 어떠한 색상이 도움되는지 어려울 수 있습니다. 이럴때는 목, 화, 토, 금, 수 5가지 색상을 동시 사용하되 지나친 오행이나 불편한 오행은 크기를 줄여 적용함도 좋을 듯합니다. 마지막 편 부록 합 오행 순행도를 응용합니다.

❸ 기타 등등 다각도 활용

목화토금수의 요소와 관련되어 부족한 요소나 필요한 요소가 있다면 악세사리, 인테리어 등의 활용을 최대한 해 봅니다.

인감도장의 경우 목이 요구되면 나무로 된 도장을 활용하고 화기가 요구되면 빨강 플라스틱을 활용하며 토기가 요구되면 돌, 수정(水晶), 상아로 만들며 금기가 요구되면 금속체로 만듭니다. 수기의 경우는 수정(水晶)도 가능할지도 모르나 확실하지 않습니다. 또는 도장 몸체의 색을 파랑으로 활용할 수도 있으나 의미성은 제한적일 듯합니다.

인테리어에서는 벽지나 인테리어 소품을 활용합니다. 색상이나 디자인 내용이 우선될 수 있습니다. 대비점으로 방염, 방화재를 생략하면 안 됩니다.

토기는 부동산 소유권 취득도 어느 정도 효과가 있을지도 모르겠습니다. 토기 중 기토의 경우는 단전호흡도 인연이지 않을까 추정해 보나 아직 검증하지는 못하였습니다. 금기의 경우 헬스장의 인연도 좋습니다. 수기의 인연법에 생수통을 가지고 다니며 수분이 부족하지 않게 하는 것도 좋을 수 있습니다.

직장의 선택에 있어서도 오행 요소를 고려하는 접근법도 좋을 수 있습니다. 목이 요구될 때는 녹색 로고의 회사도 좋고 나무를 상징하는 회사도 좋습니다. 화의 경우는 난방 등 보일러 회사나 빨간 로고의 회사가 좋을 수 있습니다. 토의 경우는 토지공사나 땅과 관련된 부동산업 등이 해당됩니다. 금의 경우는 기계류나 자동차, 선박 등이 해당됩니다. 수기가 요구될 때는 파랑 로고의 회사 또는 수자원공사나 정수기, 생수 회사 등이 그러합니다.

군, 검, 경, 정형외과, 신경외과 등의 영역은 금기의 영역이며 금기가 요구되는 분들에게 인연이 좋을 듯합니다. 금의 성향은 단호함, 굳은 의지입니다. 이 성향을 좋아하는 분들도 있지만 싫어하는 분들도 있습니다. 이러한 현상들이 궁합입니다.

정형외과의 경우 부러진 뼈를 이어 붙여야 하므로 을경합금과 인연이 많고 깁스로 받쳐 주어야 하므로 기토도 자주 나옵니다.

음식물 소화기 의료 영역이나 동력체 연소작용 영역은 무계합화와 인연이 많습니다. 동력체 중 항공기 쪽은 정임합목과도 인연이 많습니다.

소리 관련된 영역에서는 크게 2가지의 운기가 자주 나옵니다. 하나는 금극 목 운기이며 또 하나는 화생토 운기입니다. 금극목 운기의 경우 고음 관련 인연이 많으며 화생토 운기의 경우 흥겨운 운기와 인연이 많습니다.

방위에 있어서 동쪽이 인묘진 목국이며 목기가 요구되는 분들은 동쪽의 인연도 좋을 수 있습니다. 북쪽은 해자축 수국, 남쪽은 사오미 화국, 서쪽은 신유술 금국 등 방위적 성향의 인연도 좋을 수 있는데, 방위를 좀 더 세분화 시키면 12지지 및 이에 따른 지장간에 따라 좀 더 나뉠 수 있으니 실제 도움 되기에는 매우 복잡합니다.

방위에 있어서 간단한 응용에 있어서 사주 내에 토기가 있을 때 동쪽 목국에 거주하면 토기가 목극토되어 불편할 수 있습니다. 만약, 사주 내에 토기가 화생토로 자리 잡고 있다면 오히려 목국에 거주하면 큰 역생소통율이 인연될 수 있습니다. 결국, 자신 사주의 격국이 중요한데 가장 약한 부분을 고려하여 거주하는 방위까지 고려함이 좋을 듯합니다.

불편함의 경우 90%가 대운이나 세운 특주와의 충극에 의한 결과가 많으나 간혹 10%는 대운이나 세운 특주와는 무난한데 불편함을 겪는 경우가 있습니다. 이런 경우는 최소한 일주와 충극되면서 방위와의 충극이 결정적 역할을 하지 않을까 생각됩니다. 기타 궁합적 충돌도 불편함과 인연될 수 있습니다.

❹ 음양오행 요소에 대한 원리적 삶을 지향해 봅니다.

이 부분은 더욱 어렵습니다. 왜냐면 원리해석이 매우 어렵기 때문입니다. 앞으로 많은 전문가분들이 음양오행에 대한 원리 분석에 노력하셔야 할 듯하며 미흡하나마 개인적인 생각을 논해 봅니다.

목은 지속적 성장력의 의지 및 인성하고 관련됩니다. 갑목은 수직으로 성장함을 의미하며 을목은 수평적 성장을 의미합니다. 갑목은 좋게 표현하면 강인하며 나쁘게 표현하면 고집불통입니다. 을목은 좋게 표현하면 알뜰살뜰하나 나쁘게 표현하면 일괄성이 부족합니다.

화도 인성적이기는 하나 한 번에 쏟아부을 정도로 정열적입니다. 화의 반대는 수인데 수기는 매우 이성적인 반면 화는 감성적이며 계산기를 두드리지 않고 한순간에 모든 것을 쏟아붓기도 합니다. 그래서 그 강인한 금이 녹아 내리기도 합니다.

병화는 보일러나 태양처럼 모든 이들에게 골고루 나눠주는 성향이며 정화는 레이저나 어두운 밤 방향을 가르키는 달처럼 집중된 지원의 성향입니다.

토는 무토와 기토로 나누며 무토는 많은 것을 저장하나 겉에서는 알 수 없습니다. 반면, 기토는 탑이나 빌딩처럼 쌓아 올리는 기운체이며 기상의 대명사입니다. 무토는 합화되면 주로 동력체들의 연소작용이나 소화기의 소화작용과 인연이 많습니다. 간혹 정신적으로 득도의 경지에 오름과도 인연이지만 자칫 격국이 불편하면 고뇌로도 이어질 수 있으니 신중해야 하는 격국입니다.

금은 강직합니다. 경금은 포괄적으로 강직한데 신금은 세부적으로 날카롭습니다. 신금은 합수되면 진리를 터득하며 경금은 일괄된 성향입니다.

수는 이성적이며 현실적입니다. 냉철하여 생존의 대응력이 강하지만 삶의 포근함이 부족할 수도 있습니다. 임수는 거시성이며 계수는 약수물 같이 미시성입니다.

목이 금을 만날 때 수가 오면 역생됩니다. 목이 세상을 구원하자고 주장하며 수십 년 사회활동을 하자 금이 가난한 자가 현실을 직시하지 못함이 끝이 없냐며 질타하자 목은 의기소침해합니다. 이때 지혜의 수가 직장생활과 겸하자는 비결을 제시하자 목은 목적과 현실을 교차하며 성장합니다.

화가 수를 만날 때 목이 오면 역생됩니다. 화가 모든 걸 쏟아부으려 할 때 수가 "실패하면 끝인데 바보 아녀?" 하자 화는 안절부절못합니다. 이때 지속성의 목이 화기를 지원하니 화는 다시 버티며 의지를 유지합니다.

토가 목을 만날 때 화가 오면 역생됩니다. 토가 조용히 많은 것을 축적하거나 쌓아 올릴 때 목이 "세상과 나누지도 않으면 살아가는 삶의 의미가 무엇이오? 죽으면 다 끝 아니겠는가?" 합니다. 그러자, 토가 뜨끔하며 저장, 축적의 기능을 상실합니다. 이때 화가 열정을 불러일으켜 목의 방향을 존중하되 토의 저장, 축적의 기능을 유지하게 합니다.

금이 화를 만날 때 토가 오면 역생됩니다. 가지치기, 쏟아내기, 잡초제거를 지나치게 하여 허허벌판을 만든 냉철한 금에게 화난 화는 당신도 이제 쓸모가 없어졌으니 그만 두시오 하자 금은 할 말을 못 합니다. 이때 토가 나타나 금이 유연성과 유도리가 부족한 것은 사실이나 앞으로는 슬기롭게 잘할 거라며 화의 화남을 모두 대신 수용하며 금을 단련시켜 주며 보호합니다.

수가 토를 만날 때 금이 오면 역생됩니다. 수가 현실성을 앞세워 승자가 되었으나 지나친 냉철함에 많은 이들과 헤어졌습니다. 이에 토가 살아갈 의미도 없이 혼자 승자되어 좋겠군요 하니 수는 삶을 후회합니다. 이에 강직한 금이 나타나 오만가지 축적한 토의 절제되지 않은 원리들을 정제하며 수를 받쳐줍니다.

위 논리들은 지푸라기 요법이라 할 수는 없으나 현실에 적용하기에는 매우 어렵습니다. 대부분 사주 자체도 복잡한데 다행히 명료하다고 해도 필요한 요소를 깨달아 습득하기가 쉽지 않기 때문입니다.

무엇보다도 오행의 원리를 터득하여 습득하였다고 해도 오행의 물상적 기운은 만들어 내기 어렵습니다. 자석은 N극과 S극으로 나뉘며 저절로 당기기도 하며 밀쳐내기도 합니다. 오행도 자성과 같은 원리이나 음양오행 10가지로 나뉜 자성이라 판단됩니다. 이러한 현상은 물상적 운기로 사람이 원리를 터득한다고 운기를 작동시키기는 쉽지 않을 것입니다.

세상에는 다양한 신앙들이 있습니다. 이 신앙들은 대부분 인성에 해당되나 그 인성이 음양오행에 있어서 다른 요소이기에 저마다 특성이 다른 듯합니다. 신앙마다 음양오행 십간의 정의는 앞으로 많은 분들이 협의하여 찾아내시면 좋겠으며, 이에 따라 자신의 사주를 받쳐 줄 신앙을 선택하는 것도 현명한 삶이 아닐까 생각해 봅니다. 그리고, 종교가 통합되기는 쉽지 않으나 멀지 않은 미래에는 모두 모여 협의체를 구성하는 것은 바람직하지 않을까 생각되며 그러기 위해서는 서로 간의 강력한 주장들을 소통시켜 줄 공통된 주제가 요구될 수 있으며 그 공통된 주제가 조물주님이 설계하신 무서운 환경

이전에 스스로 찾아 추진하신다면 더욱 좋겠습니다. 가상의 예로 이상기후 지구온난화에 따른 천재지변, 사건·사고, 질병들이 만연하게 된다면 수많은 위기와 역경을 거친 후 종교들은 자의 반 타의 반에 따라 연합될 가능성이 커집니다. 그러기 전에 많은 신앙에서도 천지오륜장을 공부하심과 동시에 세상인들이 신앙에 대해 좀 더 공감할 수 있게 하심이 좋지 않을까 생각됩니다.

❺ 합 오행 순행도

정임합목, 무계합화, 갑기합토, 을경합금, 병신합수가 있습니다. 합목 생 합화 생 합토 생 합금 생 합수로 합의 구성체가 목화토금수 소통이 됩니다. 이 요소들의 후천수를 재적용해 보면 12-56-30-98-74로 구성됩니다. 이 구성을 한 바퀴 돌려 연속 순행시킵니다. 수많은 사주들을 후천수로 조합해 보았을 때 위 합순행은 부족한 부분을 보완해 주는 원리가 될 수 있습니다. 물론, 완벽하지는 않습니다. 빈틈도 있습니다.

위 합오행순행도의 단점은 12의 정임합목이 형성되면 다음의 5인 무토는 극 받아 무계합화가 쉽지 않습니다. 그래서 양음합이 아닌 음양합인 21-65-03-89-47로 한 단 더 적용하였습니다. 그러면, 12합목이 56이 아닌 다음 단인 65의 화기에 역생되어 56도 합이 이루어질 확률이 높아집니다. 세상은 4주가 아닌 5주이나 천-인-지의 의미에 3단으로만 적용하였습니다.

8장. 행복과 불행에 대한 철학적 과학

평평한 대지에는 아무것도 탄생될 수 없습니다. 무(無) 그 자체입니다. 반면, 생명체가 탄생되기에는 수많은 시련과 고난이 요구됩니다. 어머니들의 출산 고통도 그러하지만 세상 만물의 생성이 그러합니다.

천재지변 속 지각변동에 의해 그리고 화산 폭발에 의해 대지가 움푹 파이거나 융기됩니다. 평평한 대지 기준으로 하락하거나 올라가는 고도차가 발생됩니다. 그러면 온도차 등이 발생되며 그 온도차에 의해 이슬점, 결로 등으로 수분이 형성됩니다.

그 수분이 중력에 의해 산에서 대지로 대지에서 골짜기로 흐르고 모여 강을 이루고 바다를 이룹니다. 그리고, 다시 태양열에 의해 증발되고 구름이 되며 기압차에 의해 구름이 이동하다가 비를 만들기도 하며 고산 지대 등에 걸쳐 온도차에 다시 수분이 되고 그 수분이 다시 중력에 의해 흘러내려오고 강을 거쳐 바다로 이동하며 돌고 도며 순환이 반복됩니다.

그리고, 물이 지속적으로 유지되는 곳 주변은 다양한 생명체들이 생겨나기 시작합니다. 그리고, 대부분의 생명체들은 물이 신체의 많은 비중을 차지합니다.

즉, 시련과 고난이 없는 곳은 무(無)를 유지하나 다양한 생명체들이 생겨나기 위해서는 시련과 고난이 필수불가결이라는 논리이며 우리 자신들의 사주가 일부는 소통과 번영의 운세이지만 대부분 충극을 동반하고 있으며 그 충극을 최대한 역생시키기 위해서는 많은 철학적 과학이 요구되며 천지오륜장 공부가 필수임을 직감할 수 있습니다.

다른 관점으로 재분석해 보았을 때 충극 사주분들의 삶이 힘들고 고달프지만 이 충극사주분들에 의해 세상이 형성되고 돌아가고 있음을 알아야 합니다. 물론, 충극의 영향력이 긍정을 위한 것이냐 부정을 위한 것이냐 구분해야 되며 그 구분법이 있어야 역생소통도 가능할 수 있습니다.

사람은 의식주가 기본적으로 중요한데 먼저 주에 있어서 집이란 건축물이 요구됩니다. 집을 짓기 위해서는 기존의 오래된 건축물을 허물어야 하며 땅을 파고 기초 기둥도 쿵쾅거리며 박고 모두 충극운기입니다. 이외 배관도 깎고 용접도 하며 높은 곳에서 벽돌, 페인트 마감도 하며 모두 험난하고 위험한 충극운기와 인연입니다. 식에 있어서도 봄철 땅을 부드럽게 하기 위해 밭갈이 등 뒤집어 엎기도 하며 솎아 내기, 가지치기, 추수 수확 모두 충극운기와 인연입니다. 이외 의사선생님들의 수술이나 치료도 대부분 충극운기와 인연입니다.

모두 긍정을 위한 충극운기들 이며 이에 해당하는 사주분들은 사고, 위험과 인연율이 높아질 수 있습니다. 그러하다고 우리가 모두 편하게만 살려고 하면 누가 청소하고 누가 집을 짓고 누가 질병을 치료해 줄까요?

자유민주주의에서는 놀고 먹으면서 쉽게 살수는 없습니다. 노력해야 하며 능력자가 많은 것을 향유할 수 있습니다. 그리고, 능력자가 되기 위해 대다수가 열심히 고전분투합니다. 그러면서 자유민주주의 속 공익지향이 강조된 나라에서는 가난해도 치료율이 높을 수 있고 주거환경이 안정될 수 있으며 교육의 평등력이 높으며 실패해도 다시 재기할 수 있는 기회의 사다리들이 많습니다.

이러한 환경에서 저는 좀 더 실효성을 높여 주기 위해 죄를 짓지 않고 그러면서 열심히 살려 하는 충극 사주분들의 안정율을 좀 더 높여주려 하며 천지오륜장을 세상에 제시하고 그 수익률로도 시너지를 높이려 하고 있습니다.

대비점으로는 충극의 운기가 세상에 이롭지 않은 방향으로 인연되는 경우인데 크게는 전쟁부터 작게는 자신이나 타인에게 피해를 가하는 경우가 그러합니다. 전쟁 등에 있어서도 어떤 궤변론자는 긍정을 위한 작업이라 하기도 하며 그만큼 세상은 판단 기준들이 모두 다르며 서로 타협하려 하지 않으려 하며 타협이 때로는 잘못된 것일 수도 있습니다.

어떤 이는 자신을 위해 주변 사람들을 희생시키며 어떤 이는 주변분들을 살리기 위해 자신을 희생시킵니다. 모두가 판단 기준들이 다르며 왜 생각들이 다른 것일까요?

한 가지 확실한 것은 어느 누구도 범죄를 짓기 위해 태어나지는 않았다는 점입니다. 또한, 동일 사주라 하더라도 어떤 이는 범죄를 일으키는데 어떤 이는 자신을 희생할 수 있다는 점입니다. 그 차이는 사주의 차이가 주가 아니라 살아가는 환경이 주가 될 수 있다는 원리입니다. 이 환경과 관련되어 좋은 사례가 맹모삼천지교(孟母三遷之敎)입니다.

많은 분들은 동일 사주분들의 결과가 모두 다르니 사주는 미신이라는 편협된 사고방식의 판단 기준들만 발달되었지 희생이나 범죄의 원리에 대해서 결부 짓는 분들이 거의 없다는 점입니다. 그만큼 세상은 자신만의 우물 속 울타리를 치고 살아가고 있으며 영악한 영역이나 이기주의 조직들이 심리를 유도하면 넘어갈 수 있는 수준의 정신 상태란 점입니다.

그러하기 때문에 제가 천지오륜장을 세상에 제시하며 그 수익을 세상의 충극 인연 약자분들에 우선적으로 사용되게 설계하려 하는 것입니다.

종합해 보면 다양한 충극운기를 긍정으로 유도함과 동시에 바른 충극운기 인연체분들의 안정율을 강화하기 위해서 천지오륜장의 공부는 필수이며 많은 분들이 인연되어야 함을 체감할 수 있습니다.

지금은 저 혼자서 공부하고 있으며 비록 기초적인 수준에 지나지 않지만 앞으로 세상 많은 분들이 모여 협의하고 상의하고 노력하시다 보면 세상을 구원해 줄 필승기들이 탄생되지 않을까 조심스레 상상합니다.

9장. 신과 우주 그리고 생각

아래의 내용은 과학적으로 입증하지 못하는 내용이며 세상에 자칫 혼란을 가중시킬 수 있기에 저 혼자만의 생각이라고 표현합니다. 어찌 보면 혼자만의 망상이라 할 수 있으며 또는 공상 과학 소설책 한 편이라고 생각해도 좋습니다. 물론, 저는 진지하게 생각합니다. 단지, 세상이 믿지 못하기 때문에 강조하지 않으며 굳이 믿어 달라고 부탁하지도 않으며 저 혼자만의 상상이라 표현합니다. 이에 많은 분들께서 망상자의 아우성이구나 생각하시면 되며 단지, 세상에 이상한 현상들로 고민하시는 분들이 일부 계시는데 이분들에게는 혼자만 이상한 현상들을 겪는 게 아니고 세상에 종종 겪는 분들이 계시는구나 생각하시면 좋겠습니다.

정신세계, 사후세계, 신, 영혼, 미스터리 현상 등에 있어서 세상은 대부분 미신으로 여겨지고 있습니다. 과학적 장비로 검증이 어렵기에 더욱 그러합니다. 이런 현실에서 이런 현상들을 인정하고 활동하고 있는 영역이 대표적으로 무속이라 할 수 있는데 좀 더 확장시켜 보면 종교로도 이어질 수 있으며 그러면, 전체 인구의 반절에 가까운 비율이 직간접적으로 인연되고 있음을 알 수 있습니다.

불교나 천주교 등 큰 종교에서도 퇴마란 용어가 있으며 천도란 의식도 있습니다.

결국 과학적 장비로 검증할 수 없다고 미신, 헛소리, 거짓말, 사기꾼 등의 관점으로 접할 수도 있지만 양심적으로 분석해 볼 때 인구의 절반이 인연되고 있으니 일방적 부정의 접근법보다는 2차적, 보조적 관점으로 대응하는 것이 바른 판단 기준이지 않을까 생각됩니다.

정신세계와 관련된 이상한 현상들은 알게 모르게 세상에 오랫동안 관여되고 있습니다. 그런데, 청소년들이 성장하면서 알 수 없는 미스터리 현상들을 경험하면 충격을 받을 수 있고 정신적으로 상처를 입을 수도 있으며 심지어 방치되면 범죄도 일으킬 수 있습니다. 무엇보다 누구와 상의할 수도 없고 자칫 정신 이상자 소리를 들을 수도 있기에 오랫동안 방치될 수 있으며 부작용이 더욱 커질 수도 있습니다. 그런데, 세상에 이상한 현상들을 겪는 분들의 다양한 사례들을 접하다 보면 혼자만의 어려움이 아니였음을 알 수 있고 이에 불안감이 조금이라도 줄어들 수 있고 무서움을 조금이라도 극복할 수 있어 부작용이 조금이나마 줄어들지 않을까 판단됩니다.

사실 저 같은 그렇고 그런 사람이 아닌 불교나 천주교나 기독교나 무속인 등 공신력 분들의 다양한 사례들을 모아 책으로 출간하여 제시하면 세상에 적지 않게 도움이 될 듯합니다.

이상한 현상들을 겪고 있는 분들이 비율적으로는 적지만 국내에만 수만 명에서 수십만 명 정도로 많이 계시는 것으로 추정합니다. 그러니 이상한 현상을 혼자서 어렵게 겪는 분들은 조금은 안심하시며 무조건 무서워하지 마시고 잘 대응하시기를 바라는 마음에 글을 적습니다.

먼저 저는 신은 계신다고 생각합니다. 단지, 신들도 많은 분들이 계시며 다양한 영역으로 나뉜다고 생각합니다.

아주 오래전 어떤 분이 몰래 방송국으로 진입하여 내 귀의 도청장치라는 말을 하였고 이에 대국민들이 놀라는 방송 사고의 큰 이슈가 있었습니다. 그 증상은 사실 요즘 현대 의학에서는 조현증으로 표현하며 그 증상과 유사한 분들이 세상에는 의외로 적지 않은 듯합니다. 사실, 저도 유사한 증상들을 경험하기도 하였습니다.

좀 더 세부적으로 표현하자면 국정원 같은 특수기관에서 지켜보는 것 같기도 하며 알 수 없는 세력들이 감시하는 것 같기도 하며 뭔가 이상한 현상들이 자주 발생되는 것으로 자신 이외의 또 다른 존재성들이 개입된 특수한 삶과 같은 현상이 느껴지는 것입니다. 이런 경우 의사 선생님과 상담하여 약물 치료를 받는 경우도 있지만 대부분 숨기고 싶어하고 혼자서 증세를 키우는 경우가 더욱 많을 수 있습니다.

이러한 증상들은 매우 다양할 수 있는데 실제 몸이 아프거나 다치거나 하는 이상한 현상의 발생에 있어서는 신을 받는 무속 쪽의 인연으로 가는 경우도 많습니다.

또는 사람들의 관계에서 도저히 이해할 수 없거나 받아들이기 어려운 시련과 고난을 경험하신 분들은 종교로 가시는 분들도 적지 않습니다.

물론, 신앙, 종교 관련 분들은 대부분 스스로 깨달음에 의해 찾아 가시는 경우도 매우 많습니다. 그러나, 일부는 어떠한 시련과 고통에 의해 찾아가시는 분들도 적지 않습니다. 종교는 인성의 영역으로 시련과 고난의 운명에 분명 큰 보호막을 얻어 낼 수 있지만 어떤 곳은 결혼을 금기하며 육식도 금기하기에 아무나 버틸 수 있는 곳이 아닙니다. 그러함에도 큰 상처와 고통에 의해 버팀력이 내재된 듯 금기의 종교로 인연을 맺으시는 분들도 적지 않습니다.

신앙의 인연법과 다른 특이한 증세로 누군가와 대화하는 것처럼 혼자서 말을 하고 싶거나 누군가 지켜보며 장난치고 있다고 하며 이상한 현상들을 경험하기도 하는데 시계를 쳐다보면 4시 44분을 가르키거나 자다가 일어나 소변을 보면 3시 33분이거나 하는 등등 특이한 현상들도 적지 않습니다.

때로는 자신이 어떠한 생각을 했는데 그 생각이 방송으로 흘러 나오면 이때부터는 심각성이 커지고 증세의 방향이 신의 영역 쪽인지 조현병 쪽인지 경계가 복잡해지며 심지어 외계의 영역까지 이어지게 됩니다.

위와 같은 사연들은 많은 곳을 떠돌며 알 수 있고 유튜브, 인터넷 등을 항해하면서도 알 수 있으며 심지어 만화나 영화의 내용이나 댓글들을 확대 유추해 봐도 추정할 수 있는 내용이며 의외로 많은 분들이 경험하고 있습니다.

위와같은 현상들은 실제 신의 논리가 개입된 것일 수도 있으나 천지오륜장의 충극과 관련된 시기일 가능성도 매우 높을 수 있습니다.

위와같은 현상들을 분석하려면 다각도로 접근해야 하는데 한번 시작해 보겠습니다.

A	말로 표현하기 어려운 또는 말도 안 되는 어려움을 겪는다. 특히, 타인에 의해 어려움을 겪는 경우가 많으며 왜 나한테 이런 시련이 다가오는가 깊은 고민에 빠지며 쉽게 극복하기 어렵다.
B	몸이 자주 아프며 병원에 가도 원인을 모를 때가 많다. 또한, 이상한 일들도 자주 일어난다.
C	자신을 돌이켜 보면 혼자서 말을 자주 하고 있다. 그 심리에 있어서는 누군가를 의식하는 것 같다. 소변을 보려 일어나 시계를 보면 4시 44분 등 겹치는 숫자가 많다. 생각의 내용이 얼마 후에 방송에서 나오기도 한다. 또는 인터넷에서 언급되기도 한다.

위 3가지는 다른 유형이나 A와 B의 경우는 복합적인 경우도 적지 않습니다. A의 경우는 종교로 인연되는 경우가 많으며 B의 경우는 무속신앙으로 인연되는 경우가 많으며 C의 경우는 얼핏 세상에서는 조현병 같은 환자로 인식될 듯한데 그러기에는 설명되기 어려운 부분이 적지 않습니다. 조현병의 경우는 호르몬 불균형이 많고 호르몬 치료가 많은데 C의 증세들은 질병과 무관한 현상들도 많아 좀 더 넓은 관점의 토론이 중요할 듯합니다.

그런데, 저는 천지오륜장 공부자이기에 역술적 관점으로 살펴보자면 실제 A-B-C 등 다양한 불편함 호소자분들의 사주 천지오륜장을 살펴보며 충극이나 특수운기와 인연되어 있는 경우가 적지 않을 듯합니다. 특히, 특수 현상의 인연자 분들의 사주 격국 또한 특수 현상과 인연이 많을 듯합니다. 이 특수 현상 관련 특수 격국이 프로그램처럼 공식화된 것이라면 오히려 알 수 없는 공포와 두려움으로 걱정할 것이 아니라 잘 다스려 특수 능력자가 되는 관점 보유도 중요할 듯하며 오히려 해답이자 열쇠가 될 수도 있을 것으로 분석됩니다. 만약, 위의 현상들이 특수운기와 연관된 것이 사실이라면 세상은 천지오륜장에 대해 다각도로 연구하셔야 하지 않을까 생각됩니다. 참고로 신의 영역은 인성하고 인연이 많습니다. 인성은 충극 운기를 완화시켜 주는 요소입니다.

정치적 이슈들을 살펴볼 때 저 위치에서 왜 저런 말씀들을 하시어 정치 인생이 끝나고 왜 저런 일들을 행하여 한순간에 정치 인생이 끝나는지 도저히 이해할 수 없는 결과들이 많습니다. 이러한 경우 분석에 있어서 크게 두 가지로 나눌 수 있는데 첫 번째로 사주에 충극운기가 인연되면 이상하게 운기가 자신에게 불리하게 흘러가는 경우가 많을 수 있습니다. 두 번째로는 정치 논리로 유도된 환경도 있을 수 있지만 자신의 갑작스러운 경솔한 발언은 해석되지 않습니다. 결국, 알 수 없는 현상인데 자신의 충극운기의 영향이 가장 크고 때로는 신의 논리도 인연될 듯합니다.

고등학교 때였습니다. 갑자기 천둥번개가 치며 소나기가 퍼붓자 잠에서 깨고 창문을 닫으려 창가에 다가갔는데 하늘에 별이 초롱초롱 빛났습니다. 그리고, 이상하다 생각하며 다시 잠들었는데 다시 같은 꿈을 반복해서 꾸었고 이후 오랫동안 삶은 고난의 연속이었습니다.

그런데, 이런 유사한 현상을 경험한 분들을 종종 접했으며 특히 신을 받는 분들에게서 자주 들었습니다. 그리고, 이분들에게는 이러한 현상은 일부에 지나지 않는 상식이며 경험이 적지 않은 저도 믿기 어려운 현상들의 이야기들을 많이 듣게 되었습니다.

이런 점에 있어서 경험하지 못한 다수의 비율은 거짓말, 헛소리로 여길 수 있으나 경험해 보지 않았다 하더라도 일정 비율의 영역에서 공통적인 현상을 주장하면 무엇인가 있긴 있구나 하는 판단 기준이 학자적 관점이며 바른 판단 기준이라 판단됩니다. 일정 비율이 적은 비율이라 하더라도 국내에서만 몇십만 명은 넘을 수 있기 때문입니다.

군 제대하고 아르바이트로 시골에서 콤바인 보조를 한 적이 있었습니다. 저녁 콤바인 뒤에 타고 퇴근하는데 폐허가 된 빈집 앞을 지나갔고 담장 안 나뭇가지가 머리에 걸릴 듯하여 낫으로 젖혔는데 멀쩡한 낫자루가 힘없이 두 동강이 났습니다. 그리고, 다음날 사장님이 그 이야기를 듣고 매우 놀라는 표정을 지으셨는데 알 수 없는 현상에 세상에는 무엇인가 있음을 강하게 인식하게 되었습니다.

정확한 시기는 알 수 없으나 젊은 시절 옆집 아저씨가 임대 놓은 주점의 광고판을 가린 저의 집 대문 앞 가죽나무를 베어야 하겠다고 하였고 그 나무를 베시고는 그 앞에서 며칠 뒤 교통사고로 사망하시고 그 나무를 벤 것에 대해 강력하게 반대하지 않은 분들도 알 수 없는 어려움을 겪은 적이 있었습니다.

참고로 그 나무는 훨씬 오래전 철사망으로 묶여 있었는데 무속인들이 묶어 놓았다는 말이 있었습니다. 사실 그 가죽나무는 대문 안쪽으로 또 한 그루가 있었으며 한 쌍의 가죽나무였는데 국가나 시 차원에서 보호수로 지정되었더라면 그 일대는 매우 강력한 발전이 이루어지지 않았을까 생각됩니다.

모두가 해피엔딩(Happy Ending)으로 될 수 있었는데 다수가 슬픔으로 인연되어 가슴이 답답할 정도로 안타까운 결과입니다. 그 나무는 그 도시의 지기와 관련되어 과학 교육과 관련된 운기의 담당이지 않았을까 사료됩니다.

대학 졸업 후 소득 겸 자격증을 공부하기 위해 야간 경비원을 한 적이 있었고 야간 빌딩 순찰 도중 컴컴한 복도에서 무서워 혼잣말로 시끄럽게 떠들며 순찰한 적이 있었는데 이때 풍선에 물을 넣은 방망이로 뺨을 내려치는 듯한 현상에 휘청거린 적이 있었습니다. 바로 주변을 살펴보았는데 아무도 없었고 추정으로 귀신인 듯합니다. 과거 외국 영화 사랑과 영혼에서 영혼은 사람과 접촉이 어려운데 노력하면 물체를 이동시킬 수 있다는 원리의 영화였고 그 귀신도 노력을 많이 했었는지 80kg이 넘는 제가 휘청거렸습니다. 그 건물의 특징으로 사무실마다 사탕을 담은 그릇이 많았습니다.

회사에서 퇴근하면서 치킨이 당겨 치킨을 사 가지고 집에 들어가니 어머니가 치킨 생각했었는데 사 왔구나 하십니다.

회사에서 퇴근하면서 시큼한 드링크가 생각나네 하면서 집에 들어갔는데 아버지가 피로회복제 드링크를 박스째 사 가지고 오셨습니다.

간혹은 신체의 어디가 이상하게 아프면 부모님들도 해당 부위 아프신 경우가 종종 있었습니다.

사실 이런 경우는 쌍둥이들에게서 종종 발견된다는 말이 있는데 과학적으로 입증하신 분들은 아직 전 세계적으로 없을 테지만 논하는 경우는 적지 않은 듯합니다. 단지, 쌍둥이들은 수평적 교감이며 부모님과 자식 간의 관계는 수

직적 교감으로 성향이 다소 다를 듯합니다.

군 복무 중 돼지꿈을 꾸었습니다. 다리를 물고 놔주지 않아 발로 떼어내려 해도 떨어지지 않았고 철퍼덕의 느낌까지 있었습니다. 그리고, 다음날 군복이나 군화 등등 다양한 추가적 지급품과 선물을 얻었습니다.

청소년 시절 한 친구는 소가 들이닥치는 꿈을 꾸었고 교통사고가 났다는 이야기도 들었습니다. 꿈하고 관련해서는 저는 초급에 지나지 않고 신앙 관련 분들은 상상초월의 예지력까지 인연되고 있으며 일반 영역에서는 미신, 거짓말로 통용되겠지만 해당 영역에선 상식에 지나지 않는 논지입니다.

20대 두통이 심했습니다. 사주 자체가 상부에 충극되어 두통과의 인연이 적지 않았는데 세운 등과 인연되어 특히 심했던 적이 있었습니다. 두통약을 복용해도 통증이 줄지 않아 고통을 잊으려 밖을 나와 산책하려 하는데 주변 기독교 교회 건물이 있었고 그 건물을 지나치자 바로 두통이 사라지는 특이한 경험도 있었습니다. 이에 어떤 분은 두통약이 발휘될 시간에 산책한 것은 아니냐 하실 수 있는데 그런 것을 모두 감안한 내용입니다.

부모님이 연로해지시면서 아프시는 경우가 점점 많아지셨는데 어머니의 경우는 허리 골시멘트 시술을 받고도 호전되지 않아 힘들어 했던 적이 있었습니다. 그런데, 천주교 수녀님이 방문하시고 운좋게 다양한 진료과와 협진을 생각해야 된다는 생각이 들었고 이후 위기를 극복했던 적이 있었습니다.

아버지의 경우는 코로나 때 돌아가신다고 마음의 준비를 하라는 진단까지 받앉았었는데 불교에 특별 기도를 올린 후 위기를 극복하신 경우도 있었습니다.

물론, 위의 경우들은 복권 당첨처럼 일부 특수한 결과들이지 매사에 도와주시지는 않습니다. 매사에 도와주셨다면 벌써 남들처럼 기본적 삶을 살았을 것입니다.

참고로 저는 신앙마다 겉으로는 경계되고 있지만 내면에 있어서는 서로 교류하고 있다고 판단합니다. 그 내면에 대한 교류를 이해하시려면 신들의 경험도 적지 않아야 할 듯합니다.

저는 무속인들처럼 신들과 대화를 하지 못하며 신들을 보는 능력도 없습니다. 단지, 저는 신앙들은 반드시 생존에 대한 안전망이 요구되며 구축되었으면 좋겠다라는 생각을 지속적으로 하고 있습니다.

30대 후반 직장을 그만두고 답답한 마음에 심신을 정화시키려 산에 올랐습니다. 한겨울 한파의 시기였는데 길거리에 앉아 사주를 감명해 주시는 분이 앉아 계셨습니다. 가끔씩 산에 오르는데 평상시 앉아 계시던 분이 아니었습니다. 아마도 한파에 본래 자리 주인이 안 나오는 동안 금전을 해결하기 위해 오신 듯합니다. 그런데, 너무 추워 잘못되실 것 같아 주머니 속의 지폐를 톡톡 털어 3만 원을 드리고 운세를 봤습니다. 그리고, 너무 추운데 빨리 집에 들어가시라고 말씀드리고 산에서 내려왔습니다.

그리고 몇 주 후, 초인종 소리가 나고 누군가 방문하였는데 머릿속 뇌파로 저 승사자가 원인 분석을 하기 위해 사람 몸을 빌려 방문한 듯한 강한 메시지를 느꼈습니다. 참고로 저는 사람들의 뇌파를 읽지 못합니다. 강자가 메시지를 넣어 주니 이해가 된 듯합니다. 그 메시지는 하늘로 올라야 할 시기에 오르지 않아 그 원인을 따라와 보니 저한테까지 왔었다는 내용이었습니다. 그리고, 이후 천지오륜장에 대한 실마리들이 실효성 있게 풀리기 시작했습니다.

어떤 분은 지구가 천당이자 지옥이라고 말씀하십니다. 사후세계가 특별한 방식으로 존재하겠지만 지금 살아가는 현실이 강자와 약자 그리고 부자와 약자 등으로 구분되어 천당과 지옥이 혼조된 지구라고 설명하며 저도 동의합니다.

그리고, 바르게 살아야 다시 인간으로 태어나며 덕을 많이 쌓아야 부유하게 태어나며 좋은 일을 많이 해야 말년까지 행복할 수 있다고 판단하고 있습니다. 공덕과 업보의 에너지가 눈에 보이지는 않지만 지구란 행성 안에서는 에너지 보존의 법칙에 돌고 도는 듯합니다.

그리고, 신이 계신다면 신과 같이 특수한 능력의 공통점인 외계인은 존재하는 것일까도 생각해 볼 필요가 있는 듯합니다. 그리고, 그 외계인은 지구 행성의 미래성과 연관성은 없는지도 고심할 필요가 있는 듯합니다.

03

천지오륜장 그리고 경제와 사회

1장. 다우 지수와 코스피 지수 그리고 천지장

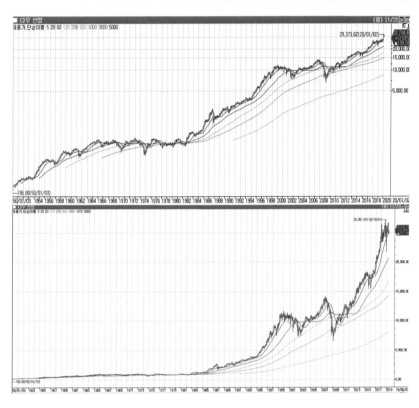

1949 ~1960	1961 ~1972	1973 ~1984	1985 ~1996	1997 ~2008	2009 ~2020
병신	정유	무술	기해	경자	신축
병기 병무 병임 병경	정경 정신	무신 무정 무무	**기무** **기갑** **기**임	경임 경계	신계 신신 신**기**

위 차트들은 같은 다우존스 지수 차트이며 처음 차트는 로그 방식을 적용한 상승력으로 상승력이 절대치가 아닌 상대치로 적절히 수정된 유형입니다. 두 번째 차트는 일반 차트 방식으로 상승력의 기울기가 매우 가파르기에 1950년대는 상승세임에도 상승으로 나오지 않고 있습니다.

대략 1950년부터 2020년 사이의 70년 정도의 데이터입니다. 미국은 금기라 판단하고 있는데 경금인지 신금인지 명확하지 않지만 모두 포함하는 금기지향으로 판단하며 토기가 올 때 힘을 받아 상승하는 경향이 있습니다.

위에서 무토보다는 주로 기토구간에서 힘을 받고 있습니다.

무토도 금기지향에게 긍정될 수 있는데 결과적으로 상승력이 의외로 많지 않았습니다. 이유가 무신의 경우 신금이 합수되면 토극수되며 무정의 경우 정화가 무토에 설기되어 총국상 불리격에 해당되며 무무토의 경우 편중세로 무거워 상승력은 제한됩니다. 더구나, 무토가 합화되면 금기들을 불편하게도 할 수 있습니다. 그러나, 적당한 무토가 배치되면 금기들에게는 긍정되는 경우가 많습니다.

1985 ~ 1996	1997 ~ 2008	2009 ~ 2020
기해	경자	신축
기무-기갑-기임	경임-경계	신계-신신-신기

위 차트는 코스피 지수입니다. 1987년부터 2020년까지 대략 30년 정도
의 추정치입니다. 한국은 목기로 갑목인지 을목인지 아니면 정임합목인지
명확하지 않으나 목기라 하면 일단 수기가 중요할 수 있습니다. 위 차트에서
는 기해-경자-신축에서 임수-계수가 내재되며 계수구간은 상승세였는데
임수구간은 보합세가 나왔습니다. 아무래도 년주도 같이 비교해야 이해 전
달이 쉬울 듯합니다.

쉽게 생각해 보면 한국은 갑목이 아닌 을목이 아닌가 의구심도 듭니다. 갑목
은 임수가 와야 적절한 힘을 얻고 을목은 계수가 와야 적절한 힘을 얻을 수
있기 때문입니다. 그리고, 이 논리는 미국 다우 지수에서도 경금이 아닌 신금
지향은 아닌가 의심이 들곤 합니다. 왜냐하면 무토보다 기토구간에서 확연
히 큰 상승력이 나왔기 때문입니다.

그런데, 아직은 의심일 뿐 한국이 갑목인지 을목인지 미국이 경금인지 신금인지 단정하기는 어렵습니다.

큰 관점에서의 중요한 논지는 결과적으로 금기지향 미국과 목기지향 한국의 경제가 천지오륜장 음양오행의 영향을 받고 있다는 점입니다. 정말 이상하지요? 세상이 과연 무엇이길래 천지오륜장의 손아귀 아래에서 움직이고 있을까요? 천지오륜장은 조물주님의 작품이며 인간의 수준으로 검증하기 어려운 미래의 과학이라 할 수 있습니다.

2장. 다우 지수와 코스피 지수 연도별 분석

제2권으로 이어집니다. 제2권의 제목은 천지오륜장 그리고 경제와 사회입니다. 진행 방식은 주로 다우 지수와 코스피 지수의 연도별 분석이며 간혹 천재지변이나 국제적 사건·사고도 분석하고 있습니다. 아래의 내용은 제2권을 소개하기 위해 2008년 분석을 수록하였습니다. 제2권에서 다우 지수는 1950년부터 수록되었으며 코스피 지수는 1988년부터 수록하고 있습니다. 아래 차트는 다우 지수와 코스피 지수이며 2008년 서브프라임 모기지 부실로 발생된 위기로 대부분 국제지수들이 급락하였습니다.

2008년은 경계-신계 특주 접경구간입니다. 무자년 무계구간에서는 2계수 1무토로 합화가 순차적으로 되며 무임년주로 다가갈수록 임수에 수극화됩니다. 이 때문에 중심부는 하락세가 나온 듯합니다.

무계년주 합화가 무임년주 접경구간을 넘어 여기될 때 임수에 합화가 수극화될 수 있는데 접경구간 부근 정사월에서는 임정합목되어 수극화는 잠시 소멸합니다. 이 때문에 정사월 전후로 잠시 상승세가 나온 듯합니다.

무계합화가 접경구간부터 여기되어 임수에 충극되지만 무계년주의 중심부는 합화의 성질이 강할 것입니다. 합화 속 월주에서 금기가 오면 불편한데 신유월주 주변 신금이 가장 약한 구간이 됩니다. 이 때문에 신유월 전후로 하락세가 심한 듯합니다.

합화는 인체에 있어서는 소화기 작용과 인연이 많습니다. 또한, 공학적으로는 항공기나 자동차 엔진의 연소작용하고 인연이 많습니다. 또한, 경제에 있어서는 소비 활동, 투자 활동 등 경제성장 활동성과 인연이 많은데 수극화가 되었다는 점은 결과적으로 경기 침체 등이 올 수도 있다는 점입니다. 이 논지를 과거에 정부나 기업들이 사전 대응하고 있었다면 미래의 사건·사고를 막지는 못해도 대응력은 상대적으로 신속할 것으로 생각됩니다.

위와같은 현상들은 아주 많습니다.

제2권 경제와 사회 편에서 집중적으로 다루고 있습니다.

후기

처음 역술을 공부하기 시작한 것은 중학교 때부터입니다. 그리고, 오랜 세월 관심을 가지고 공부하였으나 특별히 실력이 늘지 않다가 인터넷의 발달로 서서히 실효성이 높아지게 되었습니다.

인터넷이 발달되니 세상의 수많은 정보를 얻게 되며 어떤 사주 분이 어떠한 시기에 어떠한 어려움을 겪게 되고 세상의 사건·사고 및 국제 지수들까지 알게 되어 다양한 비교 분석이 가능하여 실효성이 높아지게 되었습니다.

아직까지 역술은 미신으로 취급받고 있으며 역술계에서 조차 특주를 미신으로 여길 수 있습니다. 또한, 지장간의 구분에 있어서 전 세계적으로 유일무일하게 특주까지 모두 적용하고 있으니 이외의 역술분들은 거리감이 발생될 수 있습니다.

위 논지는 다르게 표현하면 누군가 알려주기는커녕 인정받지 못한 상황에서 오랫동안 혼자서 연구해 온 것을 표현하고자 함이며 앞으로 천지오륜장을 공부하시는 수많은 분들이 궁금해하실 때마다 누군가에게 정답을 얻으려 하지 마시고 혼자서 그 정답을 알아내는 것을 연구하시는 방법이 실질적 실력 향상에 큰 도움이 됨을 알려드립니다.

예로, 뉴스나 언론에서 누군가 암으로 고생하고 있다고 할 때 또는 누군가 교통사고를 당했다고 할 때 또는 누군가 사업에 실패했다고 할 때 또는 누군가 자신에게 또는 타인에게 극단적 선택을 하였다고 할 때 그 분들의 사주를 살펴보시면 어떠한 공통된 특징이 발견되고 그 발견을 정의함으로써 그 특징이 격국이 되는 것을 알 수 있습니다.

끝으로 천지오륜장은 어려운 학문이므로 역술가를 본업으로 하시는 분들 이외에는 절대 1순위로 인연 맺지 마시고 부업이나 간접적 활동으로 인연 맺으시길 당부드립니다. 천지오륜장은 평생을 해도 끝을 보기 어렵습니다.

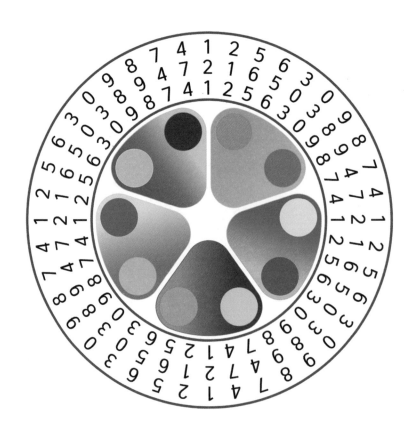

만능형통 복록장생
天德貴人 月德貴人
HAPPY　　PEACE

천지오륜장 그리고 우주

1판 1쇄 발행 2023년 1월 16일
지은이 정태민

교정 윤혜원 **편집** 윤혜원
마케팅 박가영 **총괄** 신선미

펴낸곳 (주)하움출판사 **펴낸이** 문현광

이메일 haum1000@naver.com **홈페이지** haum.kr
블로그 blog.naver.com/haum1007 **인스타** @haum1007

ISBN 979-11-6440-253-3(03180)